WESTEND

ADELHEID BAHR (HG.)

WARUM WIR FRIEDEN UND FREUNDSCHAFT MIT RUSSLAND BRAUCHEN

Ein Aufruf an alle
von Matthias Platzeck, Peter Gauweiler,
Antje Vollmer, Peter Brandt,
Oskar Lafontaine, Daniela Dahn und
vielen anderen

WESTEND

Mehr über unsere Autoren und Bücher:
www.westendverlag.de

Die Deutsche Nationalbibliothek verzeichnet diese Publikation in
der Deutschen Nationalbibliografie; detaillierte bibliografische Daten
sind im Internet über http://dnb.d-nb.de abrufbar.

ISBN 978-3-86489-236-3
© Westend Verlag GmbH, Frankfurt/Main 2018
Umschlaggestaltung: Buchgut, Berlin
Besonderer Dank ergeht an Emil Fadel für seine redaktionelle Tätigkeit.
Satz: Publikations Atelier, Dreieich
Druck und Bindung: CPI – Clausen & Bosse, Leck
Printed in Germany

Inhalt

Vorwort

Von Adelheid Bahr

Die Verdienste Egon Bahrs um den europäischen Frieden und die deutsche Einheit werden heute in hohem Maße auch von früheren politischen Gegnern anerkannt. Ein zentrales Element der von Bahr und Willy Brandt seit den Sechzigerjahren konzipierten Ost- beziehungsweise Entspannungspolitik war die Neuregelung der Beziehungen seitens der Bundesrepublik zur Sowjetunion. Die Ostverträge der frühen Siebzigerjahre und die KSZE-Konferenz bremsten die gefährliche Konfrontation zwischen den Machtblöcken und schufen zugleich eine Zwischenlösung der europäischen Sicherheitsfragen wie des Deutschlandproblems.

1989/90 waren die weltpolitische Lage und die Entwicklungen im Innern der sowjetischen Ära günstig, um Ost-West-Beziehungen einzuleiten, die Bündnispartner der UdSSR aus der Kuratel zu befreien und die staatliche Einheit Deutschlands wiederherzustellen. Dieser weitgehend friedlich verlaufende, beispiellose Vorgang war aus der amerikanischen Sicherheitsgarantie und der amerikanischen Rückendeckung für das ostpolitische Handeln Bonns möglich gewesen. Die Auflösung der Sowjetunion war dabei weder intendiert, noch konnte sie vorhergesehen werden.

Es darf also nicht unerwähnt bleiben, dass Egon Bahr seit 1982, bei allen nicht unerheblichen Unterschieden mit Helmut Kohl und der CDU/CSU-FDP-Regierung in der Außen- und Sicherheitspolitik, um der Kontinuität der sozial-liberalen Entspannungspolitik willen immer im vertraulichen Gespräch blieb.

Dieses Buch verdankt sein Zustandekommen einer Anregung des Westend Verlags, der ich aus voller Überzeugung gefolgt bin. Entstanden ist ein bemerkenswerter Sammelband: Bemerkenswert nicht nur wegen der Qualität der einzelnen Beiträge, sondern auch im Hinblick auf die weltanschaulich-politische Breite und dem jeweils unterschiedlichen, intellektuellen Zuschnitt der Autorinnen und Autoren. Ein reichhaltiges und differenziertes Gesamtbild der aktuell besonders notwendigen deutsch-russischen Beziehungen in ihrem internationalen Kontext ist entstanden, gemäß dem wiederholten Diktum Egon Bahrs, zuletzt anlässlich seiner Rede zur Verleihung des Dr. Friedrich Joseph Haass-Preises 2015:

»Amerika bleibt ein unentbehrlicher Faktor, Russland ist unverrückbar, und Europa mit Deutschland in der Mitte bildet den Kern unserer Interessen.«

Egon Bahr hat in seinen letzten Lebensjahren die Leichtfertigkeit des Westens, auch Deutschlands im Umgang mit dem großen Nachbarn im Osten immer wieder kritisiert, besonders da, wo Ideologen der westlichen Wertegemeinschaft moralische Maßstäbe anlegten, die für befreundete, teilweise despotisch regierte Staaten nicht galten. Eine solche Herangehensweise blockiert jede Art von Gesprächen auf Augenhöhe und Entspannungspolitik. Egon Bahr wollte seine Gesprächspartner in Moskau nicht zu Demokraten, noch wollten sie ihn zu einem Kommunisten erziehen. Ideologische Fragen wurden zur Verbesserung der Beziehungen ausgeklammert. Gemeinsame Interessen waren Thema der Verhandlungen. Das weckte Interesse und schuf Gemeinsamkeiten, deren Folgen sich 1989 einstellten.

Bahrs Gedankenfaden wird von den hier versammelten Autorinnen und Autoren aufgegriffen. Sie thematisieren die konfrontative Haltung der NATO und der EU gegenüber Russland, dessen Mitverantwortung nicht geleugnet wird. Sie eint die Überzeugung, dass wir gerade in der heutigen bedrohten Welt eine westliche Partnerschaft in Augenhöhe mit Russland brauchen, namentlich eine Verständigung zwischen der Bundesrepublik Deutschland und der Russischen Föderation.

Wir brauchen eine enge Kooperation beider Staaten und ihrer Völker mit Blick auf unsere gemeinsame, auch schmerzhafte Geschichte und Kultur und … aus wohl verstandenem Eigeninteresse.

Verlag, Herausgeberin, Autorinnen und Autoren begreifen dieses Buch als einen Appell an die politischen Institutionen und die mediale Öffentlichkeit unseres Landes, sich zu besinnen, innezuhalten, eine Zwischenbilanz zu ziehen und einen Neustart zu wagen.

Wir brauchen Frieden und Freundschaft mit Russland. Eine neue Entspannungspolitik ist das Gebot der Stunde!!!

Verantwortungspartnerschaft mit Moskau und Washington – Rede anlässlich der Verleihung des Dr. Friedrich Joseph Haass-Preises 2015

Von Egon Bahr

Erwarten Sie nicht, dass ich mich an den täglichen neuen und durchaus beunruhigenden Meldungen zum Thema Ukraine beteilige. Ich gehe davon aus, dass ein unberechenbarer Gewaltausbruch vermieden werden kann, also Minsk II bis zum Ende des Jahres eine verlässliche Stabilität erreicht. Für die dann folgende Phase halte ich Überlegungen für angebracht zu einer europäischen Verantwortungsgemeinschaft mit Moskau und Washington.

I.

Die Historiker haben es gut. Sie betrachten die Vergangenheit und sind sich selbst dabei nicht immer einig, welche Fehler vermeidbar gewesen wären. Die Politik muss in der Gegenwart entscheiden, ohne zu wissen, was in der nächsten Woche passiert, oder zu ahnen, welche Folgen ihr Kurs in einem halben Jahr haben wird. Meine Anmerkungen mit Anregungen reklamieren das Recht auf Irrtum. Diese Einschränkung muss am Anfang stehen.

Das verlässlichste Fundament der Außenpolitik bietet die Geografie. Amerika bleibt ein unentbehrlicher Faktor, Russland ist unverrückbar, und Europa mit Deutschland in der Mitte bildet den Kern unserer Interessen. Die vielen Krisen, die sich überlappen, können eskalieren, schwer beherrschbar sogar zu der Gefahr für den Frieden werden. Es würde wenig helfen, nach den Ursachen zu forschen oder gar Schuldzuweisungen vorzunehmen.

Ohne Amerika säßen wir heute nicht im Adlon, das bekanntlich im sowjetisch besetzten Sektor lag. Berlin ist die Wiege, in der aus dem Sieger ein Freund wurde. Nachdem Kennedy sich zwei Jahre nach dem Bau der Mauer zum Berliner erklärte, gab es keine Krise mehr für die Stadt. Und als er Brandt während der Kuba-Krise warnte, es könne zu sowjetischen Vergeltungen kommen, antwortete ihm Brandt, er müsse handeln, wie es seine globale Verantwortung verlange. Dabei blieb es.

Nach Brandts Wahl zum Bundeskanzler wurde Washington über das Konzept unserer Ostpolitik informiert, noch vor dem Bundestag und der deutschen Öffentlichkeit. Ohne amerikanische Rückendeckung hätte es die deutsche Entspannungspolitik nicht gegeben. Deutschland und Amerika – das wurde zu einer festen Bank, auch emotional. Wer auch immer dort und hier regierte. Das gegenseitige Vertrauen bewährte sich, als die Deutsche Einheit möglich wurde. Auf dieser Seite des großen Teiches, zu dem der Atlantik geschrumpft ist, ist nichts passiert, was zu den Vorgängen in den Vereinigten Staaten geführt hat. Seit Monaten reißen die alarmierenden Berichte nicht ab, von amtlichen Verfehlungen, Folterungen, außenpolitischen Unberechenbarkeiten. Es ist schrecklich, wie zerstörerisch mit Vertrauen und Neigungen umgegangen wird. Ich leide darunter.

Nach seiner ersten Wahl zum Präsidenten hat Obama erklärt, die amerikanische Außen- und Sicherheitspolitik, die seit dem Ende des Krieges auf Konfrontation zur Sowjetunion angelegt war, auf Zusammenarbeit auszurichten. Alle großen Aufgaben des neuen Jahrhunderts verlangten Kooperation. Damit wurde er zum Hoffnungsträger und mit dem Friedensnobelpreis ausgezeichnet. Sein erster Erfolg wurde die Vereinbarung mit Putin, die Zahl der strategischen Atomwaffen um ein Drittel auf je 1 500 zu verringern. Das ist inzwischen fast in Vergessenheit geraten. Immerhin wies der Weg in die Richtung, über die bloße Abschreckung mit dem unausrechenbaren Untergang beider Seiten das Prinzip der Vernunft zu etablieren. Sie vereinbarten deshalb, die vermeintlich relativ kleinen Hindernisse zu regeln, wie die amerikanischen Pläne einer Raketenabwehr in Polen und die zwanzig Atombomben in Deutschland.

In dieser Situation veröffentlichte Edward Snowden amerikanische Geheimberichte. Das war mehr als peinlich; denn sie stimmten und konnten nicht dementiert werden. Obama fühlte sich gelähmt, sagte seine Reise nach Moskau ab und kündigte begrenzte amerikanische Luftschläge gegen Syrien an. Putin half ihm gesichtswahrend zu einem Aufschub der militärischen Aktionen gegen Syrien. Beide trafen sich dann für rund 20 Minuten. Das reichte zu der Vereinbarung, keinen Krieg gegeneinander zu führen. Da waren sie wieder, die beiden Großen, die souverän Weltpolitik machen konnten, ohne Europa oder China fragen zu müssen. Beide Länder brauchen ihr Zusammenwirken im Nahen Osten, im Irak, für den Iran, um die Atomenergie auf garantierte friedliche Nutzung begrenzen zu können, im Kampf gegen den islamischen Terrorismus, auch für die amerikanische Nutzung der russischen Weltraumstation. Dabei wird es mehr um Interessen als um Werte gehen. Der Irrglaube einer Wertegemeinschaft mit Amerika ist schon während des Kalten Krieges zerbrochen.

Die Unterschiede der Werte sind teils zugedeckt worden, teils nicht ins Bewusstsein gerückt. Das nationale Interesse der USA ist von der moralischen Gewissheit durchdrungen, das auserwählte Volk Gottes zu sein. Nationalbewusstsein und Sendungsbewusstsein sind unlöslich verschmolzen. Es wäre sinnlos, das zu kritisieren, weil es von europäischen Vorstellungen abweicht. Die amerikanische Position stellt einen moralischen Maßstab dar, der nicht verhandelbar ist.

Das entspricht auch der amerikanischen Haltung, sich nicht durch fremde Ordnungen binden zu lassen. Das hat mit Macht und weniger mit Werten zu tun.

Die Globalmacht USA wird sich nur binden, wo ihr Interesse das rät. Sie wird insgesamt ihre Politik der freien Hand verfolgen, um ihren Einfluss zu vergrößern.

Nachdem Georg W. Bush im Jahr 2001 das Amt des Präsidenten übernommen hatte, ließ er im Frühsommer ein gigantisches Rüstungsprogramm vorlegen, das alle Welt davon abhalten sollte, sich überhaupt auf einen Wettlauf einzulassen. Es schloss Laserwaffen im Weltraum ein, die jeden Punkt auf dem Globus treffen sollten, und

Raketenabwehrsysteme, um unverwundbar zu werden, aber schlagen zu können. Das ist definitiv die Definition der Überlegenheit. Es kam der 11. September. Die Brutalität des internationalen Terrors demütigte das mächtigste Land der Welt. Das politische Erdbeben veränderte die politische Landschaft. In der Wut, nicht zurückschlagen zu können, wurde das Aufrüstungsprogramm praktisch ohne Diskussion in Kraft gesetzt. Seine Wellen liefen um den Globus. Viele Länder rüsteten auf, soweit es ihre Finanzen gestatteten.

Die politischen Auswirkungen waren fundamentaler. Sie reichen bis heute. Von den geleugneten Vorbereitungen eines Krieges gegen den Irak hatte Berlin schon vorher erfahren. Dennoch reagierte der Bundeskanzler unter dem Eindruck des 11. September unmittelbar mit der Zusicherung der uneingeschränkten Bündnispflicht. Der amerikanische Verteidigungsminister Rumsfeld lehnte freundlich ab: Die USA würden künftig zwischen dem Alten und dem Neuen Europa unterscheiden und bei Aktionen, die es für notwendig erachtete, zwischen Willigen und Unwilligen.

Erstmalig lehnte Deutschland die Beteiligung am Krieg gegen den Irak ab, zusammen mit Frankreich, Russland und anderen, nicht zuletzt mit dem Papst. Die NATO verlor ihren Charakter als Bündnis, das nur im Falle eines Angriffs aktiv wird. Zum ersten Mal war bewiesen, dass Deutschland »Nein« sagen kann, ohne seine internationalen Verpflichtungen zu verletzen.

Mit Rumsfeld hatte die Distanzierung Amerikas von Europa begonnen. Eine Supermacht lässt sich auch nicht durch eine schwerfällige Organisation wie der UN von der Verfolgung ihrer Interessen abhalten.

Der alte Gegner Sowjetunion wurde Partner gegen den neuen globalen Gegner des Terrorismus. Moskau gab den USA Überflugrechte und Stützpunkte für seinen Krieg gegen Afghanistan. Ein NATO-Russland-Rat wirkte entspannend. Die Sorge vor einem Land wich, das seine Hypermacht einsetzt, ohne Landesgrenzen zu achten, auch präventiv, ohne dass ein Land oder eine Gruppe von Ländern das verhindern kann.

Damals begann die Erkenntnis zu wachsen, dass die Selbstbestimmung Europas nach dem Ende der Sowjetunion nur noch als Emanzipation von Amerika stattfinden kann.

1997 beschrieb Zbigniew Brezinski unter der Überschrift *Die einzige Weltmacht. Amerikas Strategie der Vorherrschaft* nach einem globalen Überblick Westeuropa als Protektorat seines Landes. Das war korrekt, zumal sich keinerlei Widerspruch erhob. Unsere Emanzipierung von Amerika wird selbstverständlich und unabweisbar. Unsere Selbstbestimmung steht neben und nicht gegen Amerika. Sie hindert nicht die wirtschaftlichen Verflechtungen, die Pluralität der Demokratie, die kulturelle Verflochtenheit. Kurz: Zwischen keinen anderen Kontinenten gibt es eine vergleichbare Enge der Beziehungen. Die Realität verbietet Antiamerikanismus. Er ist dumm.

II.

Die deutsche Entspannungspolitik hatte zwei Voraussetzungen: Die erste: Sie begann in Washington. Ohne die Rückendeckung, die Henry Kissinger mit seinem außenpolitisch begabten, aber menschlich schwierigen Präsidenten Nixon uns verlässlich zusicherte, hätte es die Ostpolitik nicht gegeben. Sie wäre ein Abenteuer gewesen.

Die zweite: Sie konnte nur mit Moskau stattfinden. Wir haben uns sofort auf die Verbesserung der Beziehungen zwischen unseren beiden Staaten konzentriert und ideologische Fragen ausgeklammert. Die Russen haben keine Sekunde versucht, mich zu einem Kommunisten zu machen, und ich wollte sie nicht zu einem Sozialismus sozialdemokratischer Prägung bekehren. Humanitäre Angelegenheiten kamen nicht auf offener Bühne auf den Tisch. Die ganz unvergleichbaren sowjetischen Vorstellungen waren nicht verhandelbar. Aber es gab Ergebnisse. Menschliche Erleichterungen in hoffnungslosen Fällen wurden durch Ausreisen erreicht. Gewissermaßen auf dem Gnadenweg. Darüber hat die deutsche Seite geschwiegen, um Vertrauen wachsen zu lassen. Menschenrechte als Keule sind von jeher nicht überzeugend erfolgreich gewesen, besonders wenn sie zu Hause innenpolitisch wirken sollen.

Zwei Wochen nachdem Bundespräsident Joachim Gauck seine Teilnahme an den Olympischen Spielen in Russland abgesagt hatte, holte Hans Dietrich Genscher den prominentesten politischen Häftling Michail Chodorkowski aus dem Gefängnis.

Mit der gleichen Offenheit wie in Washington wurde dargelegt, was wir wollen und was wir nicht können. Die gegenseitige Verständigung funktionierte und hat später eine vertrauliche und enge Zusammenarbeit zwischen Moskau, Washington und Bonn gestattet, die auch die innerdeutschen Verhandlungen begleitete.

Auf der Krim konnten dann schon vor dem Inkrafttreten des Moskauer Vertrages Grundlagen für eine stabile Sicherheit beider Seiten erarbeitet werden. Wer mehr hatte, sollte mehr reduzieren. Man verstand sich: Das Vertrauen gestattete, Strukturen eines Vertrages zu formulieren, der zwei gegeneinander gerichtete Bündnisse zur Koexistenz ihrer konventionellen Streitkräfte, kontrollierbar und ohne Nachteile für die Beteiligten, bringen sollte. Die Formel »MBFR« (»Mutual and Balanced Force Reductions«) wurde geläufig und hat zur größten Waffenreduktion der Weltgeschichte geführt, später abgeschlossen von einem Menschen auf sowjetischer Seite, dessen Namen, Gorbatschow, wir noch nicht kannten.

So wuchs zwischen Russland und uns eine strategische Partnerschaft. Sie galt von Brandt über Schmidt, Kohl, Schröder bis Merkel, fünf Kanzler mit unterschiedlicher Statur und sehr verschiedenen Charakteren. Die Zahl der Herren im Kreml war größer. Ich nenne nur die wichtigen: Breschnew, Chruschtschow, Andropow, Jelzin und Putin. Ungleiche Menschen auch, aber mit starkem Führungswillen begabt. Sie haben praktisch vierzig Jahre lang strategische Partnerschaft gelebt, mit dem Höhepunkt des Freundschaftsvertrages zwischen Kohl und Jelzin, der nicht gekündigt worden ist. Das Konzept war, auf unserem Kontinent eine Stabilität zu schaffen, die unabhängig von aktuellen Schwierigkeiten Frieden garantiert unter Einbindung Amerikas. Diese Politik kann nicht so schlecht gewesen sein, was ihre Dauer und ihre Ergebnisse ausweist. Jedenfalls auch nicht für die großen, die mittleren und die kleineren Staaten.

1991 nach dem Ende der Sowjetunion und des Warschauer Paktes wollten viele der alten und neuen Staaten Mitglieder der NATO werden. Das versprach Sicherheit vor Russland. Und für den neuen Brocken des vereinigten Deutschlands erfüllte die NATO maßgeschneidert Sicherheit vor Deutschland mit Sicherheit für Deutschland.

Dieses Bündnis ist Amerika im multilateralen Gewand, also ohne die USA nicht kriegserklärungsfähig, auch nicht kriegsführungsfähig. Gleichzeitig behielt Washington die freie Hand, ob, wann und wie es sich an einem Konflikt beteiligt. Das stellte die Frage nach der Rolle Europas schärfer denn je.

Seine Emanzipation von den USA, die Rumsfeld ausgelöst hatte, fand erst 2013 eine Antwort. Die Europawahl gab Parlament und dem Chef der Kommission eine demokratische Kompetenz, mit der sich die Regierungen arrangieren müssen. Bis dahin führten die beiden Institutionen praktisch die Wünsche aus, auf die sich die Regierungen verständigt hatten. Seit dem letzten Jahr entstand die Chance, Europa neu zu denken.

Dafür möchte ich auf ein Wort von Willy Brandt zurückgreifen, das er 1966 formuliert hat: »Kein Volk kann auf die Dauer leben, ohne sein inneres Gleichgewicht zu verlieren, wenn es nicht ›Ja‹ sagen kann zum Vaterland.« Charles de Gaulles hat die Formulierung vom Europa der Vaterländer geprägt. Sie findet aktuell statt. Selbst im Zeitalter der supranationalen Organisationen bleibt der Nationalstaat von Bedeutung. Er ist der Raum, in dem sich Menschen zu Hause und geborgen fühlen. Selbst der Vertrag, den Adenauer noch unterschrieben hat, konnte trotz vieler guter Einsichten von Jugendwerk über Städtepartnerschaften bis zu Sitzungen der Regierungen nicht das Interesse der Menschen füreinander auf beiden Seiten schaffen, sich für die Innenpolitik des Nachbarn zu interessieren. Das offenbarte sich erschreckend bei den terroristischen und antisemitischen Überfällen in Paris mit den zwölf Toten. Da erst fühlten wir uns solidarisch und verletzt.

Der Nationalstaat wird noch lange unentbehrlich sein. Gleichzeitig hat er sich überlebt, weil er die Sicherheit seiner Menschen nicht mehr allein garantieren kann und seine Souveränität zunehmend mit internationalen Organisationen teilen muss. Für die globalen Probleme, wie Klima oder Umwelt, ist kein Staat mehr groß genug. Nationalstaat und übernationale Bindungen schließen sich nicht aus.

Es wird geraume Zeit vergehen, ehe die europäischen Parteien und Gewerkschaften Beschlüsse fassen können, die für ihre nationalen Organisationen gelten. Noch immer kann niemand ein Datum nennen, wann Europa mit einer Stimme spricht. Optimisten hoffen auf zehn Jahre. Aber darauf wartet die Welt nicht, ihren Interessen zu folgen. Sie muss Europa als Lachnummer empfinden und ist höflich genug, nur hinter verschlossenen Türen den Kopf zu schütteln.

Was ist Europa und woran liegt es, dass es sein Ziel, Pol in der interpolaren Welt zu werden, akademisch wiederholt, aber praktisch nicht verfolgt? Willy Brandt war stolz auf den Erfolg seiner ersten Konferenz noch im Dezember 1969. Er hatte mit Pompidou vereinbart, grünes Licht für den Beitritt Großbritanniens zur EU zu geben. Das Mutterland der Demokratie gehöre zu Europa wie die skandinavischen Länder auch.

England trat bei, aber die britische Politik bremste und sprang dann auf den Zug, um besser bremsen zu können. Sie ging schließlich nach Brüssel, um besser kontrollieren zu können. Die britische Diplomatie arbeitet bewundernswert. England übernahm weder den Euro, noch trat es dem Schengener Abkommen bei.

Der Höhepunkt wurde die förmliche Erklärung, dass England in der Außen- und Sicherheitspolitik seinen Interessen folgen und nicht durch Beschlüsse der EU zu binden sei. Es denkt vorrangig nach Washington und nach Brüssel und weniger nach Moskau.

Die Sonderbeziehungen zwischen London und Washington sind dominant geblieben. Die »special relationship« bietet beiden Ländern Vorteile. Washington kann beruhigt sein: England garantiert ihm, statt mit einem Bund der europäischen Staaten mit vielen Ländern einzeln verhandeln zu können. Dank des Einstimmigkeitsprinzips in wichtigen Fragen der EU kann England dafür sorgen, dass die EU keine Entscheidung trifft, die amerikanischen Interessen widerspricht. Diese Lage ist für beide Länder komfortabel. Sie ist die Ursache, dass die EU praktisch gelähmt ist, seinen Beschlüssen zur globalen Handlungsfähigkeit folgen zu können.

Wer diese Lage ändern will, darf Großbritannien nicht vor die Wahl zwischen Europa und die USA stellen. Die bestehenden Verträge müssen unverändert bleiben. Seine atomare Souveränität ist wie die Frankreichs unantastbar. Die Realitäten haben die besonders engen Beziehungen der Zusammenarbeit der Geheimdienste zwischen London und Washington entwickelt. Sie haben einen Grad von Integration erreicht, der europäische Unabhängigkeit praktisch gegenstandslos gemacht hat. Auch die deutschen Dienste sind, was binäre grenzüberschreitende Aktivität angeht, de facto zu einem Teil des amerikanisch-europäischen Netzes geworden. Die deutsche Idee eines »No-spy-Vertrages« wurde still beerdigt. Das wird wohl so bleiben.

Das alles hängt davon ab, ob England erklärt, seine »Opting-out-Regeln« nicht mehr anzuwenden. Seine konventionellen Mittel würden Stärke und Glaubwürdigkeit für die baltischen und andere Staaten erhöhen, die Sorge vor Russland haben. Amerika behält seine dominante NATO-Rolle in Europa.

Wenn England das ablehnt, stünde die EU vor der Lage, entweder seine Beschlüsse aufzugeben, Pol in der interpolaren Welt zu werden oder souverän zu handeln, ohne sich künftig durch britisches Opting-out hindern zu lassen. Das wäre schade.

Denn unser Ziel muss bleiben, Europa gemeinsam mit England eine gewichtige Stimme in der Welt zu verleihen. Ich bin sicher, Willy Brandt würde solche Überlegungen als zeitgemäße Fortsetzung seiner Überzeugung sehen: England gehört zu Europa.

Die politische Szenerie hat sich in kurzer Zeit beunruhigend verschlechtert. Aus Partnerschaft ist Konfrontation geworden. Wenn beide Seiten fortfahren, militärische Aufmärsche zu organisieren, mit den Waffen zu klirren, und das Wort Abschreckung aus den Zeiten des Kalten Krieges wiederbelebt wird, dann sind Sorgen erklärbar, ob diese

Entwicklung beherrschbar bleibt. Wenn amerikanisches Verhalten den Eindruck erwecken kann, Russland in die Knie zwingen zu wollen, dann teile ich die Meinung von Horst Teltschik, es sei blanker Irrsinn; das hätten schon Napoleon und Hitler versucht. Auf die Gegenwart bezogene Warnungen haben Kissinger und Gorbatschow, Kohl und Schmidt ausgesprochen.

Der Blick in die Medienlandschaft legt es nahe, einige Realitäten in Erinnerung zu rufen.

Zunächst: Russland ist nicht Mitglied der NATO, die Ukraine auch nicht. Wie beide Länder miteinander umgehen, kann uns nicht gleichgültig lassen; auch wenn keine Aktion gemeldet worden ist, durch die das Territorium des Bündnisses auch nur um einen Zentimeter verletzt worden ist. Der Ausgangspunkt westlicher Entrüstung ist die russische Annexion der Krim. Sie stellt auch nach meiner Auffassung eine Verletzung internationaler Verträge dar, die nicht anerkannt werden kann.

Ich habe eine solche Forderung aus Moskau übrigens nicht gehört. Das war 1970 anders. Bonn hat eine völkerrechtliche Anerkennung der DDR abgelehnt. Brandt hat sie als Staat bezeichnet, der für uns nicht Ausland sein kann. Das bedeutete de facto die Respektierung der DDR als Staat. Diese Respektierung war 20 Jahre lang der völkerrechtliche Rahmen der gesamten Ostpolitik für viele Verträge und internationale Abkommen. Die Respektierung der russischen Krim wäre eine Analogie auch ohne zeitliche Begrenzung.

Die Rivalität zwischen Washington und Moskau in Europa ist das Grundthema seit dem Ende des Zweiten Weltkrieges. Es hat viele Variationen gegeben, vom Kalten Krieg und unterschiedlichen Arten von Koexistenz blieb das übergeordnete Interesse bestehen: kein unberechenbar offener Krieg. Beide brauchen ihr Zusammenwirken für die globalen offenen Probleme.

Obama hat in seiner Rede in Westpoint formuliert, militärische Macht nur einzusetzen, wenn seine lebenswichtigen Interessen unmittelbar bedroht sind. Das ist eine neue Phase der Rivalität. Man könnte das als »friedlichen Krieg« bezeichnen. Amerika fühlt sich stark genug, aus der zweiten Linie zu führen. Das erhöht die Verantwortung seiner Verbündeten, aber auch den Grad ihrer Lasten und Gefährdungen, die für Amerika geringer werden. Das ist zunächst beruhigend. Es soll keinen großen Krieg geben.

Schon Stalin hat gewarnt, Marschällen politische Macht zu geben, und Eisenhower hat als ehemaliger militärischer Oberbefehlshaber vor dem militärisch-industriellen Komplex auf beiden Seiten gewarnt. Den gibt es immer noch.

Im »friedlichen Krieg« können sich Obama und Putin mit dem Blick auf China und andere heranwachsende Großmächte, heute noch mehr als vor zwei Jahren, auf ihr Zusammenwirken für große Probleme stützen. Aber Obama und wer immer ihm nachfolgt, kann sich bequem zurücklehnen und beobachten, wie Russland schwächer wird.

Seit Obama Russland zur Regionalmacht abgewertet hat, verstehe ich natürlich die Schwierigkeit, das zu revidieren. Aber ich verstehe eben auch Putin, nun erst recht zu beweisen, was alles nicht gegen ihn und ohne ihn möglich ist. Dabei ist Putin zu intelligent, um nicht zu wissen, dass er der Schwächere ist, was Waffen, Streitkräfte und Energiepreise angeht. Umso mehr muss er darauf bestehen, auf Augenhöhe behandelt zu werden. Das sind im »friedlichen Krieg« zwei gegeneinander gerichtete Rechnungen, die nicht aufgehen.

III.

Die Menschheit steht an einem historischen Wendepunkt, stellt Henry Kissinger fest und fordert eine neue »Weltordnung«. Ihre Grundsätze leitet er von den Regeln des Westfälischen Friedens ab, der Souveränität der Staaten und der Nicht-Einmischung in ihre inneren Angelegenheiten. Frieden verlangt danach auch den Respekt vor Staaten, die nach westlicher Auffassung keine Demokratie sind, und den Respekt, dass jeder Staat über seine innere Ordnung entscheidet. Für Saudi-Arabien und China ist das Realität. Das als globales Denken in globalen Fragen zu verallgemeinern, fällt schwer.

Die Mehrheit der Länder und Erdteile lebt mit anderen Kulturen und Werten und erwartet die Achtung dafür. Das gilt auch für die veränderten Beziehungen zwischen Europa und Amerika. Man könnte es eine berechenbare Unabhängigkeit nennen, die den Kitt der gemeinsamen Interessen nicht verletzt. Washingtons Führungswillen ist ungebrochen, gerade im »friedlichen Krieg«. Wir können Russland nicht aufgeben, weil es Amerika nicht gefällt. Wir sollten uns darauf konzentrieren, zu Russland verlorenes Vertrauen wiederherzustellen. Diese Phase könnte man als kooperative Existenz bezeichnen. Dieses über bloße Koexistenz hinausgehende Konzept gestattet den gezielten Ausbau unserer Zusammenarbeit. Das gilt auch für das Thema von Energielieferungen. Sie treffen die Interessen beider Seiten und fördern Stabilität in Europa.

Nach Erfüllung der Minsker Abmachungen sollten deutsche Initiativen den NATO-Russland-Rat wiederbeleben, um permanente Abstimmungen über Sicherheitsfragen zu gestatten. Merkel und Hollande haben sich gegen Mehrheiten in den USA und wohl auch in Russland gewendet, die für schärfere Gangarten in der Art des Kalten Krieges sind. Sie setzen dagegen auf Putins frühere Idee eines wirtschaftlich gemeinsamen Raumes zwischen Lissabon und Wladiwostok. Wenn Putin nach dem europäischen Modell Russland und die ehemaligen Staaten der Sowjetunion zu einem Organismus formen will, dann eröffnet sich eine Perspektive des stabilen Friedens für einen Raum zwischen den Ozeanen. Praktische Vorbereitungen, wie aus der Idee ein Programm wird, sollten beginnen, sobald die Ukraine-Krise dauerhaft entschärft ist, vielleicht schon parallel dazu.

Zum Schluss:

Rücksichtslosigkeit und Maßlosigkeit, mit der sich der »Islamische Staat« mit dem Anspruch des Kalifats von der zivilisierten Welt abgekoppelt hat, machen einen Konflikt unausweichlich. Obama hat mit Recht erläutert, dass der Westen nicht gegen den Islam kämpft, aber sich im Krieg gegen den IS befindet. Dieses Problem hat nicht nur Europa bis an seine Ostgrenze, sondern auch Russland über seine Grenzen hinweg. Tschetschenien hat eine islamische Mehrheit seiner Bevölkerung. Alle Staaten der ehemaligen Sowjetunion bis an die chinesische Grenze haben unterschiedlich starke Gruppen von Moslems, die sich zum IS bekennen und Kämpfer des Kalifats werden wollen. Die Zahl derer, die nach Syrien und in den Irak streben, ist mindestens gleich groß, wahrscheinlich größer als die Zahl dieser Aktivisten aus Westeuropa. In diesem unausweichlichen Krieg wird Putin zum potenziellen Verbündeten.

Den siebzigsten Jahrestag des Kriegsendes wird am 9. Mai die Welt in Moskau begehen. Wer die Seele Russlands erreichen will, wird dabei nicht fehlen dürfen. Darum werden Putin und Merkel nach der Vergangenheit am 10. Mai die besondere deutsche und russische Verpflichtung für die Zukunft unterstreichen.

Am Abgrund –
Beitrag zur Buchpräsentation von Wilfried Scharnagl, Moskau 21.07.2015

Von Egon Bahr

Europa durchlebt die schwerste Krise seit dem Ende des Ost-West-Konflikts. Sie ist mit der Zukunft der Ukraine verbunden. Wie sie zu lösen wäre, erinnert an das Jahr 1969, als der erste Versuch einer deutschen Ostpolitik begann, erstarrte Fronten aufzulösen. Ist das heute wiederholbar?

Die Analyse zeigt Unterschiede wie Vergleichbarkeiten. Unverändert ist die Grundsituation: Damals wie jetzt liegt die Hauptverantwortung in Washington und Moskau. Ohne und gegen ihre Macht ist keine Regelung denkbar, die dem Anspruch auf friedliche, nachhaltige Stabilität gerecht werden kann. Zwar sind in den 45 Jahren seither die beiden Großen schwächer geworden, aber damals wie heute wollen und werden sie offene Gewaltanwendung gegeneinander vermeiden. Die Erhaltung des Status quo hieß damals: Berlin, Deutschland und Europa wären keinen Krieg wert, was heute für die Ukraine und die Krim gilt. In beiden Fällen sind die geostrategischen Fragen wichtiger, die ihr politisches Zusammenwirken verlangen.

Die Konfliktfelder haben sich nicht verändert: der Nahe Osten mit Israel und Syrien, der Irak und Iran, Afghanistan und der Weltraum. Hinzugekommen ist der Islamische Staat. Der Krieg gegen ihn spricht für ein Bündnis beider, das noch kein politischer Faktor geworden ist. Dazu kommt die Erfindung elektronischer Strahlen, die über alle staatlichen Grenzen hinweg in der Form von Handys unser Leben erleichtern und global als Cyberwar Waffen darstellen, gegen die es keinen sicheren Schutz gibt. Ob die damit verbundenen Probleme friedlich gemeistert werden können, ist offen.

Damit sind wir in der Gegenwart angekommen. Die Welt ist fast nicht mehr wiederzuerkennen. Der amerikanische Traum von der

Unipolarität und Unverwundbarkeit wurde durch die Anschläge des internationalen Terrors gegen die Türme in New York zu Staub. Die Sowjetunion existiert nicht mehr. Russland ist kleiner und schwächer geworden, und Putin fiel die Aufgabe zu, den Stolz seines Volkes wiederzubeleben, dem es schwerfiel zu verstehen, dass es sogar den Deutschen besser geht als ihnen, die doch unter großen Opfern den Krieg gewonnen hatten.

Obama begann seine erste Präsidentschaft mit der Erklärung, das amerikanische Streben nach Überlegenheit durch Zusammenarbeit mit Russland zu ersetzen. Nach der Wiederwahl fühlte er sich stark genug, seine Doktrin in Westpoint zu verkünden: Danach wollen die USA Krisen durch Verhandlungen regeln und ihre Streitkräfte nur einsetzen, wenn sie angegriffen werden. Mit anderen Worten: Obama will aus der zweiten Reihe führen und weist damit seinen Verbündeten größere Verantwortung zu.

Die haben wir nun. Obama musste keinen anderen Staat fragen. Das nenne ich Souveränität. Den Buchstaben nach ist Deutschland auch souverän, aber kennt die Unterschiede. 1969 wollte die Bundesregierung die Beziehung zur Sowjetunion verbessern. Dieser Versuch der kleinen nicht souveränen Bundesrepublik würde Washington kontrollieren. Die vierte Siegermacht, die Sowjetunion würde das auch wissen. Natürlich gab es weder in Washington noch in Bonn eine Illusion über die Realitäten in der Sowjetunion. Demokratie war das jedenfalls nicht.

Als aus der Sondierung Verhandlungen wurden, die zum Moskauer Vertrag führten, ist niemand auf die Idee gekommen, für den jeweils nächsten Schritt Bedingungen zu stellen oder gar mit Sanktionen zu drohen. Heute gibt es sogar die abwegige Idee, Moskau müsse seine Vergangenheit aufarbeiten, ehe es wieder glaubwürdiger Partner werden könnte.

Georg Bush, der weise Ältere, erklärte nach dem Ende des Kalten Krieges:»Russland muss sich nach seinen Traditionen entwickeln.« Ich füge hinzu, Demokratie gehört nicht dazu. Russland wird allein bestimmen, welche Schritte es zur Demokratie geht. Es wird eine Demokratie à la Russe sein. Was kann der Westen anbieten: Die monarchistischen Modelle in London oder Tokio? Oder die erfolgreichste Einparteienherrschaft in Singapur? Ich habe auch noch keine Erwägung gehört, Sanktionen gegen China oder Saudi-Arabien zu verhängen, weil sie unseren demokratischen Vorstellungen nicht entsprechen.

2015 ist Deutschland der politisch und wirtschaftlich stärkste Faktor in Europa geworden, aber militärisch, zur Beruhigung für unsere vielen Nachbarn, sind wir keine Bedrohung. Wir könnten also wie zu Beginn der Entspannungspolitik sondieren und beginnen, einseitige Sanktionen gegen Russland abzubauen. Wir wollen wie damals eine festgefahrene Situation ändern und könnten bei einer positiven Resonanz auch alle Sanktionen beenden. Das liegt in unserer Kompetenz und entspricht unserem Interesse, auch dem unserer Wirtschaft.

Ja, das sind Vorleistungen. Sie erinnern an das Wort von Willy Brandt:»Manchmal muss man sein Herz am Anfang über die Hürde werfen.« Das war damals schwerer als heute.

Außerdem möchte ich, weil Michael Gorbatschow unter uns sitzt, daran erinnern: Als er zusammen mit Bush die außen- und sicherheitspolitische Struktur für das zu vereinigende Deutschland vereinbarte, hatte keiner der beiden eine Ahnung, dass es ein Jahr später die Sowjetunion nicht mehr geben würde. Keiner von beiden konnte seinen Nachfolger festlegen. Gorbatschow wurde nicht über den Tisch gezogen entgegen den darüber verbreiteten Märchen. Die Deutschen wissen, was sie den beiden Staatsmännern verdanken und schulden.

Die beschriebene Aktion würde die Kräfteverhältnisse zwischen Ost und West nicht ändern. Dass Obama Russland zu einer Regionalmacht herabgestuft hat, begegnet Putin, indem er beweist, dass ohne und gegen ihn keine dauerhafte Regelung möglich ist. Er hat die begründete Hoffnung, länger im Kreml zu regieren als Obama im Weißen Haus. Diese Zeitperspektive reicht bis 2017. Die kürzere reicht bis zum Ende dieses Jahres für die vereinbarte Durchführung des Minsker Abkommens II, wofür die Amerikaner mehr Einwirkungsmöglichkeiten haben als die Russen. Was auch immer dabei herauskommen wird: Es kann nichts am Kurs der Bundesregierung verändern, die Beziehungen zu dem unentbehrlichen Amerika wie zu dem unverrückbaren Russland zu pflegen.

Weil wir kein Protektorat mehr sind, kann dieses Stück Selbstbestimmung Europas mit der Emanzipation von Amerika beginnen.

Russland gehört zur europäischen Familie – Was um Himmels willen treibt Deutschland gegen Russland?

Von Wolfgang Bittner

Russland ist das größte Land Europas, das wird verdrängt und gerät allmählich in Vergessenheit. Zwischen Deutschen und Russen gab es jahrhundertelang intensive Handelsbeziehungen, kulturellen und wissenschaftlichen Austausch. Was wäre unsere Kultur ohne die russische Literatur, Kunst, Musik, ohne das russische Theater? Ich nenne nur die Schriftsteller und Dichter Tolstoi, Dostojewski, Tschechow, Gorki, Puschkin und Jewtuschenko, die Maler Jawlenski, Malewitsch und Repin (ich habe sofort die Wolgatreidler vor Augen), die Musiker Prokofjew, Schostakowitsch und Tschaikowski (ich höre die Nussknacker-Suite). Puschkin las Goethe, Goethe las Puschkin, bis heute wird in Russland Heinrich Heine verehrt, und Beethoven widmete der Zarin Elisabeth seine Polonaise Op. 89, wofür ihm zum Dank eine großzügige Zuwendung gewährt wurde. Zar Peter I. arbeitete 1607 inkognito auf einer niederländischen Werft, um die Techniken des Schiffsbaues zu erlernen, und Albert Lortzing verfasste nach dieser historischen Episode das Libretto für seine Oper »Zar und Zimmermann«.

In seiner Rede vor dem Deutschen Bundestag 2001 – das war damals noch möglich! – nannte Wladimir Putin Goethe, Schiller und Kant, und er sagte, dass die Kultur immer unser gemeinsames, völkerverbindendes Gut war. Sollte das wirklich der Vergangenheit angehören? Es sieht danach aus. Über das Deutsch-Russische Jahr der kommunalen und regionalen Partnerschaften 2017/2018 wurde kaum berichtet, ebenso wenig ist über das Jahr des wissenschaftlichen Austauschs 2018/2019 zu erfahren. Zur Olympiade und zur Fußballweltmeisterschaft bemühte sich Russland, ein guter Gastgeber zu sein, doch wie gewohnt berichteten die westlichen

Medien – als seien sie die fünfte Kolonne Washingtons – schon vorab über Regimegegner, Doping und die »grausame Abschlachtung« streunender Hunde (»Putin lässt WM-Städte durch ›Hunde-KGB‹ säubern«, titelte die *Bild*-Zeitung).

Die atomare Bedrohung

Im Januar 2018 hat der US-amerikanische Präsident Donald Trump Nordkorea gedroht, er habe einen roten Knopf, der viel größer, mächtiger und funktionstüchtiger sei als der des nordkoreanischen Staatschefs Kim Jong-un. Und im April richtete Trump – kurz vor einem Angriff der USA, Englands und Frankreichs auf das mit Russland verbündete Syrien – per Twitter eine ungeheuerliche Drohung an die Russische Föderation: »Mach dich bereit, Russland. Denn die Raketen werden kommen: hübsch, neu und intelligent!«[1] Am 14. April 2018 wurde die Drohung wahrgemacht: Mehr als 100 Raketen wurden unter Missachtung des Völkerrechts auf den souveränen Staat Syrien abgefeuert.

Schon im Februar 2018 hatte Trump angekündigt, die Atomwaffen der USA umfassend zu modernisieren. Alle strategischen Systeme sollen ersetzt und atomare Gefechtsköpfe mit geringerer Zerstörungskraft bereitgestellt werden, um die atomare Abschreckung zu verstärken und damit der angeblichen Bedrohung durch Russland, China, Nordkorea und Iran zu begegnen. Allerdings verfügt das US-Militär bereits über etwa 1 000 sogenannte Mini-Nukes, wie man diese menschheitsgefährdenden Atombomben nennt.

Auf der Münchner Sicherheitskonferenz 2018, einem Thinktank, der US-Interessen vertritt, warnten namhafte Politiker vor einem Krieg mit Russland. Wir stünden am Abgrund, hieß es. Vor Beginn erklärte der Vorsitzende, Wolfgang Ischinger: »Wir haben noch nie seit dem Ende der Sowjetunion eine so hohe Gefahr auch einer militärischen Konfrontation von Großmächten gehabt.«[2] Die deutsche Verteidigungsministerin Ursula von der Leyen war sich mit US-Verteidigungsminister James Mattis hinsichtlich der »Abwehrbereitschaft« gegen Russland einig. Während Mattis die deutsche Führungsrolle in Europa hervorhob, betonte von der Leyen die Bedeutung der NATO als »Wertegemeinschaft« und den Willen der deutschen Regierung, weiter aufzurüsten. Im Deutschlandfunk hieß es am 18. Februar 2018: »Gibt es also noch ein Zurück vom Abgrund? Am Ende musste Ischinger einräumen, dass das Fragezeichen dort wohl zurecht steht.«[3]

Kriegsvorbereitungen

Aber die Europäer folgen weiterhin nahezu widerspruchslos den militärischen Vorgaben aus den USA, obwohl sich das Verhältnis aufgrund der von der Regierung Trump verhängten Schutzzölle, der Kündigung des Atomabkommens mit dem Iran und einem Eklat nach dem G7-Gipfel 2018 binnen weniger Wochen abgekühlt hat. Es sind – trotz allem – offensichtlich Kriegsvorbereitungen, die stattfinden. Man mag noch so zerstritten sein, hinsichtlich der militärischen Aufrüstung ist man sich nach wie vor einig. Die Anschuldigungen wegen dubioser und unbewiesener Giftgasanschläge in Syrien und London sowie nach einem angeblichen Journalistenmord in der Ukraine kennzeichnen die Zielrichtung.

Ebenso die NATO-Manöver »Saber Strike« (Säbelhieb) im Baltikum und das Herbstmanöver »Trident Juncture« (Dreizackiger Verbindungspunkt) mit 40 000 Soldaten, 8 000 davon aus Deutschland. In Ulm wird das neue NATO-Hauptquartier für schnelle Truppen- und Materialtransporte eingerichtet. Die bestehende »NATO-Speerspitze«, also die »Very High Readiness Joint Task Force« (VJTF), die »NATO Response Force« (NRF) und die »Enhanced Forward Presence« (eFP), sollen für den Konfliktfall durch weitere Truppen verstärkt werden, und zwar mit zusätzlich 30 000 Soldaten, 360 Flugzeugen und 30 Schiffen. Deutschland soll für diese Bereitschaftstruppe eine besondere Verantwortung übernehmen. Des Weiteren ist im Gespräch, Raketenabwehrsysteme des Typs »Terminal High Altitude Area Defense« (THAAD) nach Deutschland zu verlegen. Hinzu kommen Pläne für Neuaufnahmen in die NATO. Etwaige Kandidaten sind Georgien, die Ukraine, Makedonien, eventuell auch Schweden, Finnland, Irland, Serbien und Moldawien.

Ende 2017 wurde ein europäisches Militärbündnis für »permanente strukturierte Zusammenarbeit«, das sich PESCO nennt, gegründet. Unter anderem ist geplant, Westeuropa unabhängig von staatlichen Grenzen durchgängig zu machen, und zwar für die schnelle Verlegung von schwerem militärischem Gerät und Soldaten an die östlichen Grenzen. Die NATO braucht neue Straßen, Brücken und Infrastrukturen, um effektiver Krieg führen zu können. Und Verteidigungsministerin von der Leyen erklärte begeistert: »Europa muss handlungsfähiger und effizienter werden.« Was daraus folgt, scheint den Berliner Politikern noch nicht klar zu sein: nämlich eine Auflösung deutscher Souveränität, die im Übrigen durch die fortdauernde Stationierung ausländischer Truppen mit Sonderbefugnissen ohnehin nicht vollständig gegeben ist (wie sich aus dem Zusatzabkommen zum NATO-Truppenstatut von 1993 ergibt).

Weiter folgt daraus die Festigung der Bindung – man kann auch sagen, der Unterwerfung – an die USA und die NATO sowie der Ausschluss Russlands aus Europa. Damit wird nicht nur der wirtschaftliche, kulturelle und wissenschaftliche Austausch zunehmend erschwert, wenn nicht verhindert. Damit wird auch die Gefahr eines Krieges mit Russland virulent, wobei Europa und insbesondere Deutschland der Brückenkopf der USA mit der von ihr dominierten NATO ist, die entgegen allen Vereinbarungen bis an die russischen Grenzen vorgerückt ist.

Dazu hatte sich der russische Präsident Wladimir Putin in den vergangenen Jahren eher abwartend verhalten, von den »Partnern« im Westen gesprochen und mehrfach für Kooperation geworben. In seiner Rede an die Nation vom März 2018 sagte er jedoch – und das sind völlig neue Töne: »Obwohl wir die zweitgrößte Nuklearmacht geblieben sind, wollte niemand uns hören. Mit uns wollte niemand sprechen. Hören Sie uns jetzt zu!«, und er fügte noch hinzu: »Das ist kein Bluff.« Zuvor hatte er Videos einblenden lassen, mit denen er eine Reihe neuer, angeblich nicht abfangbarer Nuklearwaffen zeigte, die entwickelt und bereits getestet wurden, unter anderem die mehr als 200 Tonnen schwere Interkontinentalrakete »Sarmat« und die Hyperschallrakete »Kinschal« sowie einen nuklear bestückbaren Torpedo.

Wir haben akute Kriegsgefahr, und zwar schon seit dem von den USA initiierten Putsch 2014 in der Ukraine, das ist großen Teilen der Bevölkerung überhaupt nicht bewusst. Wir lesen, hören und sehen allerdings schon seit mehreren Jahren, dass wir bedroht werden. Deswegen – so wird uns gesagt – müssen wir aufrüsten. Die Militärausgaben der USA im Jahr 2017 betrugen nach einem Bericht des Stockholmer Friedensforschungsinstituts SIPRI 610 Milliarden Dollar. Deutschlands Quote lag mit 44,3 Milliarden Dollar bei 1,2 Prozent des Bruttoinlandsprodukts und soll auf Betreiben der US-Regierung auf zwei Prozent erhöht werden. Denn wir müssen uns angeblich schützen. Vor wem? Das wird seit Anfang 2017 ausgesprochen: vor den Russen, die uns überfallen wollen. Besonders gefährdet sind angeblich die Anrainerstaaten Russlands: Estland, Lettland, Litauen, Polen, Bulgarien, Rumänien und nicht zuletzt die Ukraine. In diesen Staaten wird von den USA und der NATO eine gewaltige Militärmaschinerie aufgebaut, und Deutschland ist daran beteiligt.

Aber den Militärausgaben der USA und der europäischen NATO-Staaten in Höhe von insgesamt etwa 900 Milliarden Dollar steht der Militäretat Russlands von lediglich 66,3 Milliarden Dollar jährlich gegenüber. Damit stellt sich unabweisbar die Frage, warum der Westen gegen Russland aufrüstet, wenn doch die Militärausgaben der westlichen Allianz mehr als dreizehn Mal höher sind als die des potenziellen Gegners. Daraus ergibt sich eine zweite Frage: Wem dient dieses Bedrohungsszenario, das uns da vorgegaukelt und aufgeschwatzt wird? Wer profitiert davon? Doch jedenfalls nicht die Bevölkerung in den USA und Europa, deren Staatsetats gewaltige Summen entzogen werden, die anderweitig dringend benötigt würden, zum Beispiel für die Erhaltung der Infrastruktur, für Bildung, Gesundheit, Armutsbekämpfung und so weiter.

Die Entwicklung zum Kalten Krieg

Bereits 1961 warnte der US-Präsident und ehemalige Generalstabschef der Armee, Dwight D. Eisenhower, vor den verhängnisvollen Verflechtungen und Einflussnahmen des »militärisch-industriellen Komplexes« auf die Politik der USA. »Das Potenzial für die katastrophale Zunahme fehlgeleiteter Kräfte ist vorhanden und wird weiterhin bestehen«, sagte Eisenhower. »Wir dürfen es nie zulassen, dass die Macht dieser Kombination unsere Freiheiten oder unsere demokratischen Prozesse gefährdet.«[4]

Wie recht Eisenhower hatte und wie sehr die destruktive »Macht dieser Kombination«, also des »militärisch-industriellen Komplexes«, die Wirklichkeit bestimmt, wird deutlich, wenn wir uns die gegenwärtige politische Weltlage ansehen. Wohin wir auch blicken: Konflikte, fortschreitende Verschärfung der sozialen Verhältnisse, Chaos, Gewalt, Kriege, zumeist verursacht von den USA oder unter deren maßgeblicher Beteiligung. Daran hat sich auch nach dem Regierungswechsel im Frühjahr 2017 in Washington und der Ablösung einer mafiösen Politiker-Kaste durch eine kapitalorientierte Interessengruppe nichts Grundlegendes geändert. Im Grunde ist es ein Bandenkrieg, der sich da seit dem Regierungswechsel intern abspielt.

Seit mehreren Jahren herrscht nun in Europa wieder Kalter Krieg, und wir stellen uns eine dritte Frage: Wie ist es dazu gekommen, wie hat das angefangen? Bis vor Kurzem waren doch Russland, als bedeutender Teil Europas, und die Europäische Union auf dem Wege zu gutnachbarlichen und für beide Seiten wirtschaftlich nutzbringenden Beziehungen. Wladimir Putin hat seit seinem Amtsantritt als Präsident der Russischen Föderation im Jahre 2000 wiederholt um eine Zusammenarbeit zum Wohle Europas geworben. Aber auf einmal betreibt er angeblich eine Aggressionspolitik gegenüber dem Westen.

Wenn wir den westlichen Politikern und ihren Medien glauben, trifft Wladimir Putin die Schuld am neuen Kalten Krieg. Er wird als der Aggressor hingestellt, als derjenige, der hinter allem steckt, was schlecht und böse ist – wir kennen die diffamierenden Meldungen in den westlichen Medien. Angeblich hat Putin das Flugzeug MH17 abgeschossen, einen Mordanschlag auf einen britischen Doppelagenten befohlen und die syrische Regierung bei einem Giftgasangriff auf islamische »Freiheitskämpfer« – wie diese Islamisten nach westlicher Sprachregelung genannt werden – unterstützt. Sofort erfolgte die Verurteilung bis hin zum Raketenangriff auf Syrien vom April 2018, obwohl es keine Beweise gibt.

Diffamierung und Indoktrination

Wenn irgendwo ein Anschlag verübt wird oder wenn ein Krieg beginnt, hilft zur Beurteilung der Situation die Frage, wem das nützt. Vier Fragen, die Licht ins Dunkel bringen:

1. Warum sollte der russische Präsident ein Zivilflugzeug abschießen lassen?
2. Welches Interesse sollte Russland daran gehabt haben, sein Nachbarland Ukraine, mit dem es umfangreiche Handelsbeziehungen hatte, ins Chaos zu stürzen?
3. Ist es bei der fragilen Sicherheitslage in Europa rational erklärbar, dass der russische Präsident einen Giftgasanschlag auf einen Spion in London befiehlt, wie ihm unterstellt wurde? Dieser Spion war vorher bereits in Russland inhaftiert und wurde von England freigekauft.
4. Zu Syrien: Warum sollte der syrische Präsident Assad kurz vor seinem Sieg über die islamischen Terrormilizen unter den Augen der Weltöffentlichkeit Giftgas eingesetzt haben? Und was unternimmt die UNO gegen die verbrecherischen Raketenangriffe der USA und Israels auf Syrien?

Russland wird verleumdet, beleidigt und beschuldigt, aber nichts wird bewiesen. Eine Tatsache ist dagegen, dass der westukrainische Präsident Petro Poroschenko kurz nach seinem Amtsantritt Truppen in die Ostukraine schickte, wo nach dem Putsch in Kiew lediglich Forderungen nach mehr Autonomie gestellt wurden. In der Folge entwickelte sich aus einem ursprünglich innerstaatlichen friedlichen Konflikt der bis heute andauernde Bürgerkrieg.

Festzustellen ist, dass aufseiten Kiews von vornherein nationalistische Kampfverbände, wie zum Beispiel das Asow-Regiment, und auch US-amerikanische Söldner zum Einsatz kamen. Neben regulärem Militär wurden insgesamt etwa 80 paramilitärische Freiwilligenbataillone, die dem ukrainischen Innenministerium unterstellt sind, mit schweren Waffen, also Panzern, Artillerie und Raketenwerfern, in die Ostukraine geschickt. Daraufhin versicherten sich die Aufständischen der Unterstützung Russlands. Es ist davon auszugehen, dass der Kriegsherr Poroschenko und die Freiwilligenbataillone das Minsker Waffenstillstandsabkommen ignorieren, sodass der Bürgerkrieg weitergehen wird.

Strategien und Hintergründe

Immer deutlicher zeichnet sich die Strategie der westlichen Allianz unter Führung der USA ab, Russland als Machtfaktor in der internationalen Politik auszuschalten und durch Wirtschaftssanktionen, Beeinflussung der Kapital- und Energiemärkte sowie durch die aufgebürdeten Nachrüstungskosten zu ruinieren. Ganz offensichtlich ist es das Ziel, Osteuropa einschließlich Russland den westlichen Kapitalinteressen aufzuschließen und den imperialen Zielen der USA unterzuordnen. Wer sich nicht beugt, wird – so lehrt es die Vergangenheit – entweder bombardiert oder ruiniert. Das hat der ehemalige US-Außenminister Joe Biden in einer Rede in Cambridge offen zugegeben. Und Präsident Obama hat von einem »Deal zur Machtübernahme« in der Ukraine gesprochen, womit man Putin überrascht habe. Er sagte auch, man müsse gelegentlich Ländern den Arm umdrehen, wenn sie nicht das täten, was man von ihnen verlangt.[5] Das wird in den Medien nicht berichtet, und wer diese verbrecherische Politik kritisiert, wird als Verschwörungstheoretiker, »Putin-Versteher«, »Russenfreund« und Antiamerikaner diffamiert. Das sind die Schlagworte, die immer dann zu hören sind, wenn unerwünschte Themen angesprochen werden.

Zum Vorwand für die Aggressionspolitik gegen Russland wurde und wird weiterhin die angebliche Annexion der Krim genommen. Jeder Politiker führt das als Kampfbegriff im Munde, wir lesen es in der Zeitung und hören es in Rundfunk und Fernsehen: Annexion! Völkerrechtlich ist es jedoch keine Annexion, sondern eine Sezession gewesen – ein wesentlicher Unterschied. Denn es gab keine gewaltsame oder kriegerische Aneignung der Autonomen Republik Krim durch Russland, sondern nach dem Staatsstreich eine friedlich verlaufene Abspaltung von der Kiewer Ukraine, in dessen Parlament bis heute Faschisten sitzen. Es fand ein Referendum statt, eine Erklärung der staatlichen Unabhängigkeit und danach der Beitritt zur Russischen Föderation.

Das ist unter Berücksichtigung der blutigen Ereignisse in Kiew nicht zu beanstanden. Ebenso wenig, dass in Sewastopol stationierte russische Einheiten die ordnungsgemäße Durchführung der Wahlen und ihren Flottenstützpunkt absicherten, nachdem bereits ukrainisches Militär einsatzbereit war und sich nationalistische Verbände aus Kiew auf den Weg auf die Krim gemacht hatten. Die weit überwiegende russischstämmige Bevölkerung fürchtete zu Recht ernsthafte Repressalien. Bei einer Wahlbeteiligung von 83 Prozent sprachen sich mehr als 96 Prozent der Krimbewohner für den Anschluss an Russland aus. So ein Ergebnis lässt sich unter den Augen der Weltöffentlichkeit nicht fingieren.

Der russische Präsident Putin hat seit Jahren – ohne Resonanz im Westen – weitgehende Kooperationsangebote gemacht und von einem gemeinsamen europäischen Wirtschafts- und Kulturraum von Wladiwostok bis Lissabon gesprochen. 2001 sagte er in seiner Rede im Deutschen Bundestag: »Niemand bezweifelt den großen Wert der Beziehungen Europas zu den Vereinigten Staaten. Aber ich bin der Meinung, dass Europa seinen Ruf als mächtiger und selbstständiger Mittelpunkt der Weltpolitik langfristig nur festigen wird, wenn es seine eigenen Möglichkeiten mit den russischen menschlichen, territorialen und Natur-Ressourcen sowie mit den Wirtschafts-, Kultur- und Verteidigungspotenzialen Russlands vereinigen wird. Die ersten Schritte in diese Richtung haben wir schon gemeinsam gemacht. Jetzt ist es an der Zeit, daran zu denken, was zu tun ist, damit das einheitliche und sichere Europa zum Vorboten einer einheitlichen und sicheren Welt wird.« Es wäre vernünftig und existenziell wichtig gewesen, das zu überdenken. Doch CDU/CSU, SPD und Grüne schlossen sich widerspruchslos der Konfrontationspolitik der USA an, statt sich auf eigene Grundsätze zu besinnen.

Unipolarer Anspruch und Langzeitstrategie der USA

Das Vorgehen der westlichen Allianz unter Führung der USA mit ihrer NATO hat Methode. Es entspricht einer Langzeitstrategie der USA, und zwar unabhängig davon, wer dort an der Regierung ist. Das ist der Rede eines der Bellizisten der Republikaner, George Friedman, zu entnehmen. Er war Direktor des einflussreichen US-Thinktanks »Stratfor« und sagte 2015 in Chicago: »Für die Vereinigten Staaten ist die Hauptsorge, dass sich ... deutsches Kapital und deutsche Technologie mit russischen Rohstoff-Ressourcen und russischer Arbeitskraft zu einer einzigartigen Kombination verbinden.« Das wird – so Friedman – verhindert durch den neuen Eisernen Vorhang vom Baltikum bis zum Schwarzen Meer und einen Sicherheitsgürtel, einen »Cordon sanitaire« zwischen Westeuropa und der Russischen Föderation.

Weiter stellte Friedman fest: »Die Vereinigten Staaten kontrollieren aus ihrem fundamentalen Interesse alle Ozeane der Welt. Keine andere Macht hat das jemals getan. Aus diesem Grund intervenieren wir weltweit bei den Völkern, aber sie können uns nicht angreifen.« Das ist der unipolare Anspruch in einer multipolaren Welt, was heißt: Die USA beanspruchen die Weltherrschaft – auch Donald Trump mit den ihm zum Teil aufgezwungenen Ministern und Beratern.

Durch die einseitige Anbindung an die USA geraten Westeuropa und insbesondere Deutschland im Fall eines militärischen Konflikts in den Fokus der russischen Abwehr. Diese Gefahr ist präsent. Abgesehen davon entstehen irreparable Schäden, nicht nur hinsichtlich des Handels mit Russland. Namhafte Wirtschaftsanalysten beklagen, dass sich die deutsche Wirtschaft nicht an dem »größten Wachstumsprojekt der neueren Geschichte« beteiligen kann: nämlich an dem sogenannten »One Belt, One Road«-Projekt. Das scheint erst langsam in die Berliner Politik Eingang zu finden, nachdem sich die Mitglieder der »Shanghai Cooperation Organisation« (SCO) im Juni 2018 in Qingdao/China getroffen und sich ihrer Zusammenarbeit versichert haben, insbesondere Wladimir Putin und Xi Jinping. Worum geht es dabei?

Moskau und Peking planen im Rahmen der 2001 gegründeten SCO unter Einbeziehung der übrigen BRICS-Länder den Aufbau eines interkontinentalen Infrastruktur-Netzes von Moskau über Sibirien und Wladiwostok bis nach China und Indien. Dazu gehört die verkehrsmäßige und wirtschaftliche Erschließung bisher peripherer Regionen. Gelingt dies, würde unabhängig von den Flugzeugträgern der USA ein gigantischer Binnenmarkt entstehen, und zwar mit der Folge, dass die Vereinigten Staaten nur noch eine übermäßig hochgerüstete Regionalmacht zwischen Pazifik und Atlantik wären. Von China werden für dieses Vorhaben, das auch den Ausbau der Seidenstraße umfasst, mehr als eine Billion Dollar zur Verfügung gestellt. Die USA versuchen, dieses Projekt mit allen Mitteln zu boykottieren, unter anderem durch die allein dem eigenen Vorteil dienende Abspaltung Westeuropas von Russland sowie durch die Entziehung von Wirtschaftskraft. Die Sanktionen, unter denen die deutsche Wirtschaft besonders leidet, sind eine von zahlreichen Maßnahmen.

Die Regierung Trump

Wie wird es weitergehen? Wie sieht die Zukunft aus? Die Einstellung Trumps und seiner Regierung zu Russland wird längerfristig zeigen, wohin der Weg führt. Inzwischen lässt bedauerlicherweise nichts mehr darauf schließen, dass Trumps Denken und seine Ziele primär dem Frieden in der Welt gelten. Vielmehr steht über allem seine Botschaft:»America First!«, und es hat den Anschein, dass ihm dieser nicht durch Ethik, Moral oder Vernunft gezügelte»Patriotismus« Macht und Mehrheit in seiner Partei, im Kongress und in der Wirtschaft sichern soll, auch in Kreisen des militärisch-industriellen Komplexes, der Waffen- und der Bankenlobby und in der verarmten, verunsicherten Bevölkerung, die ihn gewählt hat. Das alles hat selbstverständlich weitgehende internationale Auswirkungen. In Europa befeuert es starke zentrifugal-nationalistische Kräfte, die zunehmend die EU als politische Institution in ihre existenzielle Krise führen, wofür die bereits gescheiterte Flüchtlings-, Wirtschafts-, Finanz- und Sozialpolitik unter Merkels Führung den Boden bereitet hat. Was daraus für Europa und Deutschland folgen müsste, liegt auf der Hand: eine eigenständige Perspektive entwickeln.

Womöglich deutet sich tatsächlich eine Neubesinnung in Europa an. Das könnte man hoffnungsvoll aus Stellungnahmen einiger europäischer Politiker, wie zum Beispiel des österreichischen Ex-Bundeskanzlers Christian Kern, schließen. Schon auf dem EU-Gipfel in Malta stellte er 2017 fest:»Die USA tragen durch ihre Interventionen eine Mitverantwortung für die Flüchtlingsströme.« Kern und auch sein Nachfolger Sebastian Kurz haben das gesagt, was Bundeskanzlerin Merkel seit Jahren verschweigt oder verschleiert. Das Problem ist erkannt, und es wurde in letzter Zeit mehrmals ausgesprochen. Ob diese Erkenntnis Konsequenzen für die europäische Politik haben wird, bleibt abzuwarten.

Die Situation ist und bleibt brandgefährlich. Donald Trump ist unberechenbar, und das ihn umgebende Personal garantiert keine seriöse Friedens- und Sozialpolitik. Er wollte zwar ursprünglich für eine Beendigung der Interventionskriege der USA und für eine Verständigung mit Russland eintreten, aber er wird seit seinem Amtsantritt systematisch boykottiert. Sämtliche friedensorientierten Berater wurden diskreditiert und mussten abtreten, und Trump wurde nach und nach auf Linie gebracht. Allerdings ist auch nicht auszuschließen, dass er psychisch gestört ist, was gleichermaßen, wenn auch anders, auf seine Gegner, zum Beispiel Hillary Clinton oder John McCain, zutrifft. Die USA sind seit Langem eine Bedrohung für Frieden und Wohlergehen in der Welt, und innerpolitisch sind sie ein Pulverfass, das jederzeit explodieren kann.

Europa zweimal geteilt

Als folgenschwere Erkenntnis ergibt sich, dass Europa nicht nur in Westeuropa und Russland geteilt ist, sondern auch Westeuropa in Gestalt der EU zweigeteilt wird: Auf der einen Seite befinden sich die von den USA aufgerüsteten militanten baltischen Staaten, Polen, Bulgarien und Rumänien, wozu nach dem Brexit noch Großbritannien stößt, das sich mehr und mehr den USA annähern und damit Probleme im Festlandeuropa herbeiführen wird. Das ist eine gefährliche Phalanx gegen Russland. Auf der anderen Seite stehen die übrigen EU-Staaten, die sich – mehr oder weniger – um ein vernünftigeres Verhältnis zu Russland bemühen werden und auch bemühen müssen, um eine militärische Auseinandersetzung abzuwenden.

Diese Konstellation wird in nächster Zeit zunehmend an Bedeutung gewinnen. Die Gefahr eines Krieges zwischen den USA mit der NATO gegen die Russische Föderation ist akut. Dass diese Katastrophe vor allem den europäischen Kontinent treffen würde, liegt auf der Hand. Die Grenze zum Wahnsinn ist längst überschritten, wenn es in einem Washingtoner Report heißt, begrenzte taktische Atomschläge seien möglich, ohne »die amerikanische Heimat« zu gefährden.

Damit haben wir es zu tun, und damit hat es die Menschheit zu tun. Die Welt braucht eine machtvolle Friedensbewegung, damit sich etwas ändert und die Menschheit einer sich anbahnenden Katastrophe noch entgehen kann! Aufgefordert, sich endlich zu Wort zu melden, sind die bisher überwiegend schweigenden Vertreter der Gewerkschaften, Universitäten, Kirchen und sonstigen demokratischen Organisationen. Eine erste Antwort auf die Zumutungen aus Politik und Medien wäre rückhaltlose Aufklärung und Wiederaufnahme friedlicher, gutnachbarlicher Beziehungen zu Russland.

Deutschland, Russland und Europa

Von Peter Brandt

Stabile, gute Beziehungen zwischen Deutschland und Russland waren seit jeher ein friedenssichernder Faktor in Europa. Das gilt für das Einvernehmen zwischen dem Königreich Preußen beziehungsweise dem Deutschen Kaiserreich von 1871 und dem Zarenreich bis hin zu Bismarcks Rückversicherungsvertrag, dessen spätere Nichtverlängerung die gegen Deutschland gerichtete Bündniskonstellation von 1914 mit vorbereitete. Es gilt für das in den Verträgen von Rapallo (1922) und Berlin (1926) geregelte Verhältnis zwischen der Sowjetunion und der Weimarer Republik, welche damit ihre Verständigungspolitik gegenüber den westlichen Siegermächten des Ersten Weltkrieges konstruktiv ergänzte, und ebenso für die bundesdeutsche Entspannungspolitik, die den Gefahrenherd an der quer durch Deutschland und durch Berlin gezogenen Konfrontationslinie der Machtblöcke beruhigte, die Beziehungen zu den östlichen Nachbarstaaten, insbesondere zur Sowjetunion, normalisierte und längerfristig dazu beitrug, den welthistorischen Umbruch von 1989/90 einschließlich der Vereinigung der DDR mit der Bundesrepublik zu ermöglichen. Das ist die eine Seite.

Andererseits standen die unterschiedlichen Phasen des deutsch-russischen beziehungsweise deutsch-sowjetischen Zusammenwirkens und Übereinkommens stets in einem politischen Feld, in dem die Interessen und Bestrebungen der kleineren Staaten und Völker im östlichen Mitteleuropa, insbesondere Polens, vernachlässigt oder sogar unterdrückt zu werden drohten. Die polnische Adelsrepublik wurde sukzessive 1772, 1793 und 1795 zwischen Russland, Österreich und Preußen komplett aufgeteilt, in modifizierter Form erneuert 1815. »Kongresspolen« hieß der größte, an

Russland fallende Teil. Die preußische und die russische Armee, verbündet bereits bei der Befreiung Europas von der napoleonischen Vorherrschaft 1813–15, verabredeten ihre Zusammenarbeit bei der Niederschlagung des polnischen Aufstands von 1863. Die 1918/19 wiedererstandene polnische Republik war dann ihrerseits keineswegs ein friedliebender, demokratischer Staat, bevor sie aufgrund des Hitler-Stalin-Pakts 1939 erneut (und diesmal mit den Methoden totalitärer Diktaturen) gewaltsam von außen unterworfen wurde, wie ab Sommer 1941 dann vorübergehend auch große Teile der Sowjetunion durch den hitlerdeutschen Angriffskrieg. Man muss die Selbststilisierung des polnischen Nationalpatriotismus – Polen als ewiges Opfer – nicht akzeptieren, aber man muss sie verstehen – und ebenso die Vorbehalte in anderen früheren Warschauer-Pakt-Staaten beziehungsweise den heute selbstständigen ehemaligen Sowjetrepubliken westlich von Russland gegen ein Zusammengehen der beiden großen Nachbarn im Osten und Westen.

Auch westliche Staaten haben in den letzten einhundert Jahren stets misstrauisch auf Anzeichen deutsch-russischen Einvernehmens geblickt; das Schlagwort »Rapallo« erhielt einen Klang, der mit dem realen Vertrag von 1922 zwecks Aufnahme diplomatischer Beziehungen und wechselseitigen Verzichts auf Reparationsansprüche nicht mehr viel zu tun hatte. Das Misstrauen war allerdings insofern nicht ganz unberechtigt, als dass die geheime militärische Zusammenarbeit zwischen der Reichswehr und der Roten Armee den – von den Deutschen aller politischen Richtungen abgelehnten, nur unter äußerstem Widerstreben und Protest unterzeichneten – Versailler Friedensvertrag eklatant verletzte. Noch die Neue Ostpolitik seit den späten Sechzigerjahren musste mit dem Verdacht mancher Kreise im Westen Europas und in den USA leben, hier würde eine geostrategische Umorientierung der Bundesrepublik vorbereitet, um auf diesem Weg letztlich zur Wiederherstellung der Einheit Deutschlands zu gelangen. Auch deswegen betonten die Regierungen Brandt und Schmidt ihre NATO-Loyalität und ihr Interesse an der Einigung Europas (faktisch Westeuropas), bevor Helmut Kohl die NATO gar zur Staatsräson der Bundesrepublik erklärte.

Das einstige Spannungsverhältnis zwischen Westbindung und Wiedervereinigungsziel existiert seit 1990 nicht mehr. Anders als es Egon Bahr mit großer Plausibilität konzipiert hatte und es die Ostverträge der Jahre 1970–73 sowie die Helsinki-Konferenz 1975 langfristig vorbereitet hatten, erfolgte die Vereinigung Deutschlands nicht graduell über einen blockübergreifenden und letztlich ersetzenden Entspannungs-, Annäherungs- und Abrüstungsprozess, sondern als Nebenprodukt des Zusammenbruchs des sogenannten »realen Sozialismus« im östlichen Europa und in der Sowjetunion. Ohne Gorbatschows Perestroika hätte das Ostblocksystem, etwa bei einer Machtübernahme des Militärs, unter Zwang vielleicht noch ein Jahrzehnt oder länger aufrechterhalten werden können – abgesehen von der Gefahr, dass der Untergang des sowjetkommunistischen Etatismus in ein großes Blutbad oder gar in einen Weltkrieg hätte münden können. Dass es dazu nicht kam, ist das eigentliche historische Verdienst Gorbatschows, dessen Aufstieg an die Spitze der KPdSU und der UdSSR und sein folgendes Agieren wiederum ohne die westliche, insbesondere westdeutsche Entspannungspolitik in den Siebzigerjahren schwer vorstellbar ist.

Die gefährliche amerikanische Hochrüstung der frühen Achtzigerjahre einschließlich der – von der Sowjetunion mit ihrer die älteren Mittelstreckenraketen ersetzenden »SS-20 Saber« durchaus provozierten, jedenfalls im Westen dadurch politisch überhaupt ermöglichten – NATO-»Nachrüstung«, die dann die SS-20 in qualitativer Hinsicht überbot, spielte offenbar auch eine Rolle beim Kurswechsel der sowjetischen Führung. Wie auch immer der Faktor »Nachrüstung« zu beurteilen ist, waren die Entwicklungen erstaunlich: die Kapitulation Moskaus in der deutschen Frage einschließlich der kurz vorher noch kaum für möglich gehaltenen Akzeptierung der NATO-Mitgliedschaft des wiedervereinigten Deutschlands im Sommer 1990 und dann des Zerfalls des Ostblocks, der Sowjetunion und der Restauration des Kapitalismus im östlichen Europa.

Es gibt keinen Grund, die innere Ordnung der heutigen Russischen Föderation zu idealisieren oder zu verharmlosen. Teile der früher herrschenden bürokratischen Kaste, ergänzt um einige Newcomer, haben sich – mit nicht selten kriminellen Methoden – in kapitalistische Oligarchen verwandelt. Nach der Verelendung großer Bevölkerungsgruppen in den chaotischen Jelzin-Jahren ist unter der Präsidentschaft Wladimir Putins wenigstens die staatliche Ordnung und damit eine gewisse Sicherheit der einzelnen Staatsbürger, etwa bezüglich garantierter Lohnauszahlung und einer Berechenbarkeit behördlichen Handelns im Alltag, wiederhergestellt worden. Putin ist in der Vergangenheit mehrfach gegen einzelne Oligarchen vorgegangen, die unabhängige politische Ambitionen erkennen ließen, nicht aber gegen die soziale Gruppe als solche; diese ist vielmehr mit den staatlichen Apparaten eng verwoben; man kann das Wirtschafts- und Gesellschaftssystem als eine Kombination von Privatkapitalismus und bürokratischem oder Staatskapitalismus bezeichnen.

Ohne dass die Bezeichnung »Diktatur« oder »Autokratie« angemessen wäre, trägt die formale Präsidialdemokratie Russlands stark autoritäre Züge. Problematischer noch als das in den letzten zehn Jahren eher weiter vergrößerte Demokratiedefizit ist das Fehlen einer rechtsstaatlichen Tradition. Die Schwäche der hauptsächlich in den urbanen Mittelschichten verbreiteten liberalen Opposition beruht aber nicht allein auf repressiven Maßnahmen der Obrigkeit, sondern resultiert auch aus dem Desinteresse dieser Kreise an den brennenden sozialen Fragen, ausgenommen die Anprangerung der verbreiteten Korruption. Man darf davon ausgehen, dass die Verbesserung des russischen Verhältnisses zum Westen zu den Voraussetzungen innenpolitischer Pluralisierung und Liberalisierung gehört, ohne dass dies automatisch zu einer Demokratie westeuropäischen Typs führen würde. Die gegenwärtige Konfrontation der Russischen Föderation mit dem Westen stärkt umgekehrt nicht nur die autoritären Züge des bestehenden Regimes, sondern auch den in russischer Tradition betont imperial getönten Nationalpatriotismus. In die von oben gepflegte Erinnerungskultur ist das Zarenreich ebenso integriert wie die Sowjetzeit. Wie vor 1917 fungiert die Orthodoxe Kirche de facto als eine Staatskirche. Das Ensemble aller erwähnten Aspekte macht verständlich, warum die vorbehaltlosesten Anhänger des heutigen

Russlands außerhalb seiner Grenzen sich neben Teilen der post-kommunistischen Linken (die gewissermaßen aus alter Verbunden-heit dabei sind) unter Rechtskonservativen und Ultrarechten finden.

All dies muss man illusionslos zur Kenntnis nehmen, eine Antwort auf die Herausforderung der europäischen, namentlich der deut-schen Politik gegenüber Russland ist damit aber nicht gegeben – so wenig wie in den Sechziger- und Siebzigerjahren mit einer realisti-schen Analyse des diktatorischen Charakters der poststalinistischen Sowjetunion die Frage beantwortet war, wie man mit dieser umgehen sollte. Entspannungspolitik richtet sich per definitionem nicht an Verbündete und Freunde, sondern an Kontrahenten und potenzielle Gegner. Das gilt für die Gegenwart mit ihrer international immer ausgeprägteren multipolaren Struktur ebenso wie für die Jahrzehnte des Ost-West-Konflikts. Und wie dieser in seiner Entstehungsphase, ist die erneute Zuspitzung zwischen der NATO und der Russischen Föderation während der vergangenen fünf bis zehn Jahre zu einem gewissen Anteil wechselseitiger Fehlwahrnehmung geschuldet (was nicht heißen soll, dass alles nur ein Missverständnis ist).

Bei den Beziehungen von Staaten oder Staatengruppen unterei-nander geht es zuallererst und hauptsächlich um Interessen, nicht um Sympathien beziehungsweise Antipathien der Politiker oder Völker. Interessen können aber unterschiedlich definiert und auf unterschiedliche Weise verfolgt werden. Einschätzungen von Inte-ressenlagen können sich verändern, das ist ein weiteres Axiom der früheren Entspannungspolitik – ebenso die Erkenntnis, dass man versuchen muss, sich in die Interessen- und Realitätswahrnehmung der jeweils anderen Seite hineinzuversetzen, um die Logik ihres Handelns zu begreifen.

Unterzieht man sich dieser Aufgabe im Hinblick auf das heu-tige Russland, dann wird man schnell verstehen, warum die große Mehrheit der Russen – nicht nur im Kreml und in der politischen Führungsschicht, sondern auch in den breiten Volksschichten – die Entwicklungen im europäischen Staatensystem seit 1989/90 völlig anders bewertet als die alten und neuen Mitglieder der NATO. Russ-land ist bezüglich seiner Westgrenze auf einen territorialen Status zurückgeworfen wie ungefähr um die Mitte des 17. Jahrhunderts und von der neben den USA zweiten globalen Supermacht zu einer – hier hatte Obama mit seiner undiplomatischen Äußerung in der Sache recht – eurasischen Großmacht reduziert worden, auch wenn diese in der atomaren Bewaffnung weiterhin »first rate« ist und sich anschickt, wieder als eigener Faktor auf der Weltbühne mitzuspielen.

Wer sich über die Wirkungslosigkeit westlicher Menschenrechtsappelle wundert, sollte sich klarmachen, dass die Berufung auf universelle und zivilisatorische freiheitliche Prinzipien seit rund zwei Jahrhunderten zum Repertoire imperialistischer Weltmachtpolitik, Interventions- und Kriegsrechtfertigung, insbesondere seitens Großbritanniens und der USA, gehört. Das kann man unabhängig davon feststellen, ob die betreffenden Staatsmänner selbst an ihre vermeintliche Mission geglaubt haben oder nicht.

Gorbatschow hat 1990 angesichts der katastrophalen wirtschaftlichen Situation der Sowjetunion der NATO-Mitgliedschaft des vereinten Deutschlands in der Erwartung zugestimmt, das westliche Militärbündnis würde wenigstens nicht über Deutschland hinaus nach Osten erweitert werden. (Ob es diesbezüglich von westlicher Seite eine mündliche Zusage gab, ist umstritten.) Die Charta von Paris vom Dezember 1990 konnte die Hoffnung nähren, dass die NATO in ein effektives gesamteuropäisches Sicherheitssystem eingebunden und über kurz oder lang überflüssig gemacht werden würde. Stattdessen musste das seit dem Sommer 1991 unabhängige Russland eine permanente Ausdehnung der NATO (zweifellos auf Wunsch der politischen Führungsschichten in den ehemaligen Ostblock-Ländern) sowie die Etablierung von mit den USA liierten Regimen und US-amerikanischen Stützpunkten an den Grenzen Russlands – nicht nur in Europa – erleben, die als Einkreisung wahrgenommen werden musste oder zumindest konnte. Wiederholte Angebote Wladimir Putins, über den 1997 geschaffenen NATO-Russland-Rat hinaus zu einer dichteren Sicherheits- und Kooperationsstruktur in Europa zu kommen, blieben ohne konstruktive Reaktionen.

Die NATO wurde 1949 gegründet und 1952/55 erweitert, um die Sowjetunion samt ihren abhängigen Verbündeten in Schach zu halten, gleichzeitig die Kontrolle über die westdeutsche Bundesrepublik zu gewährleisten und die Vorherrschaft der USA im westlichen Teil Europas, der »Gegenküste«, zu sichern. Eine im letzten Vierteljahrhundert wiederholt ins Gespräch gebrachte, zeitweilig auch in Moskau anvisierte Mitgliedschaft Russlands in der NATO würde den Charakter des nordatlantischen Bündnisses grundlegend verändern. Es würde aufhören, ein Instrument amerikanischer Hegemonie und Interventionsreserve zu sein, und müsste zu einem multilateralen Sicherheitssystem der nördlichen Hemisphäre mutieren, das über kurz oder lang mit der OSZE verschmelzen könnte. Auf absehbare Zeit unrealistisch, könnte eine solche Perspektive längerfristig durchaus wünschenswert sein.

Die derzeitige, in mancher Hinsicht eher an den Kalten Krieg in seiner Hochphase als an die Periode der friedlichen Koexistenz und Entspannung im Ost-West-Konflikt erinnernde Phase der Konfrontation zwischen Russland und dem Westen (auch wenn ein direkter militärischer Zusammenstoß derzeit sehr unwahrscheinlich ist) wurde ausgelöst durch den innenpolitischen Konflikt in der Ukraine, einem seit der Unabhängigkeit 1991 muttersprachlich-kulturell, konfessionell und politisch zerrissenen Staat. Diesem Konflikt, der sich 2014 gewaltsam entlud, liegt also ein struktureller Gegensatz zugrunde, den sich zwei einheimische Oligarchenfraktionen zunutze gemacht und in den sich Russland wie (weniger offensichtlich) die USA eingeschaltet haben.

Fraglos ist die russische Besetzung und Annexion der Krim – traditionell zu Russland gehörend, auch nach dem Mehrheitswillen ihrer Bewohner, aber 1954 in einem willkürlichen Akt der damaligen ukrainischen Sowjetrepublik zugeeignet und deshalb 1991 bei der Ukraine verblieben – ein Völkerrechtsbruch. Daran ändert auch der berechtigte Verweis auf ebenso offensichtliche Verletzungen völkerrechtlicher Grundsätze durch die USA und andere westliche Staaten, wie im ehemaligen Jugoslawien, im Irak und in Libyen, nichts. Problematisch ist allemal der unausgesprochene Anspruch Russlands, in seinem geografischen Vorfeld Einfluss auszuüben und keine »unfreundlichen« Regimes ertragen zu müssen. Auch dafür gibt es reichlich Entsprechungen aufseiten der Westmächte. Es handelt sich um herkömmliches Großmachtdenken und -verhalten.

Es ist also keineswegs so, dass Russland die Verschlechterung der Beziehungen zu den NATO-Staaten in den zurückliegenden Jahren nur passiv erduldet hätte – ebenso wenig wie diese. Innerhalb des westlichen Lagers gehören die Neumitglieder der NATO, hauptsächlich Polen und die baltischen Staaten, wie gesagt: aus nachvollziehbaren Gründen, zu den »Falken«, die vor allem auf den Schutz durch die USA setzen, demonstrative Akte eingeschlossen. Unter den Staaten des »alten Europas« hat die Bundesrepublik Deutschland lange eine die Konfrontation bremsende Rolle eingenommen, sich um Entschärfung und Lösung des Ukraine-Konflikts bemüht, die Verhängung von Wirtschaftssanktionen gegen den vermeintlichen Aggressor Russland aber mitgetragen. Es mögen historische Reminiszenzen eine Rolle gespielt haben, wohl auch die Verinnerlichung der entspannungspolitischen Maxime durch das Auswärtige Amt und die Diplomatie der Bundesrepublik. Deren Ansatz könnte als »Annäherung durch Verflechtung« beschrieben werden, wobei noch unklar ist, inwieweit diese – wegen der NATO- und EU-Loyalität ohnehin nicht konsequent verfolgte – Linie unter der neuen Leitung des Außenministeriums überhaupt fortgeschrieben werden wird. Umso wichtiger wäre es, dass sich die diesbezüglich eher Russland-freundliche Stimmung der Mehrheit der Deutschen politisch artikulieren würde. Hier wie an anderen Stellen ist die Diskrepanz zwischen der Volksmeinung und der über die Medien veröffentlichten Meinung eklatant. Auch in den hoch entwickelten kapitalistischen Staaten mit etablierter repräsentativ-demokratischer Verfassungsordnung ist die Politik in eine sozialökonomische Interessenstruktur eingebunden, ohne dass die Regierungen einfach ausführen würden, was die Großwirtschaft will. Schon die klassische westdeutsche Entspannungspolitik um 1970 wurde von unterschiedlichen Motiven gespeist und konnte auch auf das Osthandelsinteresse eines beträchtlichen Teils des Großkapitals bauen. Heute befürwortet der am Handel mit und an Investitionen in Russland interessierte Teil der Wirtschaft ein

Ende der Sanktionen und eine Wiederannäherung Deutschlands an Russland.

Die transatlantische »westliche Wertegemeinschaft«, die nie viel mehr war als eine wohlfeile Phrase, ist dabei, sich aufzulösen, und das liegt nicht allein an einem etwas eigenartigen amerikanischen Präsidenten. Schon länger blicken die USA aus ökonomischen Gründen mehr nach Asien als nach Europa. Im Übrigen unterscheidet sich seit Langem das amerikanische Menschenrechts- und Demokratieverständnis von dem (West-)Europas, wo – trotz der neoliberalen Globalisierungswelle seit den späten Siebzigerjahren – die politische Demokratie kaum mehr unabhängig vom Sozialstaat gedacht werden kann.

Europa könnte die Abwendung des Trump-Amerika vom »Westen« auch als Chance nutzen, sich als politisch eigenständiger, militärisch rundum verteidigungsfähiger und zugleich zum Angriff strukturell unfähiger Staatenverbund zu formieren (wonach es derzeit nicht gerade aussieht). Wenn es einen außenpolitischen Bereich gibt, in dem Deutschland eine europäische Führungsrolle zu übernehmen hätte, dann wäre es der Neuanfang der Beziehungen zwischen der EU und Russland; es ist dafür nicht zuletzt wegen der wechselvollen und zeitweise leidvollen deutsch-russischen Geschichte prädestiniert. Eine komplementäre Verschränkung der Wirtschaft EU-Europas einerseits, der ehemaligen Sowjetrepubliken, namentlich der Russischen Föderation, andererseits würde sich geradezu anbieten, auch unter dem Gesichtspunkt der Behauptung beider Großregionen in einer zunehmend globalisierten, durch die Konkurrenz der aufsteigenden asiatischen Mächte dynamisierten Weltwirtschaft. Eine paneuropäische Freihandels-, Wohlstands- und Friedenszone von Lissabon bis Wladiwostok könnte zum Vorbild und Ausgangspunkt einer weltweiten Neuordnung der Staatenwelt werden, um Energien freizubekommen für die Lösung der elementaren Menschheitsprobleme.

Der Kampf um die »Weltinsel« – Das aktuelle Russland-Bashing und die hysterische Putin-Phobie

Von Mathias Bröckers

»*Der geographische Drehpunkt der Geschichte*« lautete der Titel eines Vortrags, den der Diplomat, Politikberater und Direktor der »London School of Economics«, Halford Mackinder, im Jahr 1904 veröffentlichte. Im Frühjahr 2018 ist dieser Vortrag in der Kulturzeitschrift *Lettre International* (Ausgabe 102) zum ersten Mal auf Deutsch erschienen, wofür man sehr dankbar sein muss. Denn es handelt sich nicht nur um einen klassischen Schlüsseltext der Geopolitik, Mackinders »Heartland«-Theorie ist auch nach wie vor von erstaunlicher Aktualität. Wer das »Herzland«, die Mitte zwischen Europa und Asien und somit das Zentrum des eurasischen Kontinents beherrscht, beherrscht die Welt, lautete Mackinders These. Da durch die damals neuen Technologien der Eisenbahn und des Automobils der Handel und Wandel zwischen Europa und Asien unausweichlich sei, wäre die auf der Seeherrschaft beruhende, britische Weltmacht chancenlos. Vor allem, wenn das rohstoffreiche Russland mit dem industriestarken Deutschland zusammenwachse. »Wer Osteuropa regiert, beherrscht das Heartland; wer das Heartland regiert, beherrscht die Weltinsel; wer die Weltinsel regiert, beherrscht die Welt«[1], brachte Mackinder seine Geostrategie später auf den Punkt.

Wer die Geschichte des 20. Jahrhunderts vor diesem Hintergrund liest, kann erstaunliche Einsichten über die Kontinuität gewinnen, mit der Briten und Amerikaner ihre globale Machtpolitik betrieben und betreiben. Etwa über die Frage, warum Hitler und die Nationalsozialisten massiv von der Wall Street finanziert wurden, warum die NATO nach 1991 mit ihren Raketen unbedingt bis an die russische Grenze vorrücken musste, warum 2014 mit einem Putsch in der Ukraine ein russlandfreundlicher Oligarch als Präsident durch einen russlandfeindlichen ausgetauscht werden musste oder warum eine zweite »Nord Stream«-Pipeline durch die Ostsee den Amerikanern ein Dorn im Auge ist. Noch immer geht es um Mackinders »Herzland«, in dem auf keinen Fall Handel, Wandel und Frieden herrschen darf, weil dies die transatlantische Dominanz bedrohen würde. Es zieht sich von dieser Theorie aus dem Jahr 1904 eine Linie über Hitlers Geostrategen Karl Haushofer über den geopolitischen Berater von fünf US-Präsidenten, Zbiginew Brzezinski, bis in die aktuelle Politik des US-Imperiums. Über die Aktualität Mackinders schrieb in derselben Ausgabe von *Lettre International* auch der Historiker Alfred McCoy, dessen eminentes Grundlagenwerk *Die CIA und das Heroin – Weltpolitik durch Drogenhandel* für ein Verständnis der aktuellen internationalen Konflikte und Kriege nach wie vor unverzichtbar ist. Ebenso wie eine Kenntnis der Generalstrategie im »Great Game«, die auf Mackinder zurückgeht und die im geopolitischen Match auf dem »eurasischen Schachbrett«, wie es Brzezinski nannte, nach wie vor auf der Agenda steht.

Vor diesem Hintergrund kann man dann auch den scheinbaren Irrsinn der Tagesnachrichten ein wenig begreifen, etwa warum aus Afghanistan immer neue Produktionsrekorde für Opium und Heroin gemeldet werden, während in den USA Tausende an dieser Überproduktion sterben; oder warum eine Gas-Pipeline – »Nord Stream 2« – zwischen Russland und Deutschland ein »Problem« darstellen soll, während die ökonomisch und ökologisch hochgradig schwachsinnige Idee, Fracking-Gas mit Riesentankern von Amerika nach Europa zu schippern, von der EU gefördert wird. Oder warum Polen sich gerade von den USA für irrsinnige Summen »Patriot«-Luftabwehrsysteme andrehen lässt – »gegen die Russen«, gegen deren neue Hyperschall-Raketen die veralteten Patriots freilich keinerlei Chance haben.

Nadelstiche ins »Herzland« zu setzen, Konflikte zu schüren, Waffen zu liefern und Kriege anzuzetteln, um ein Zusammenwachsen des Osten Europas mit dem Westen Asiens zu verhindern, ist nach wie vor die grundlegende außenpolitische Agenda des US-Imperiums. Dazu gehört auch, die strategischen Angelpunkte an den

Rändern des eurasischen Doppelkontinents zu kontrollieren – vor allem die rohstoffreichen Regionen des Persischen Golfs. Wobei die desaströsen Kriege in Afghanistan, Irak, Libyen und Syrien mittlerweile, so Alfred McCoy, weniger an ein kühnes geopolitisches Gambit erinnern als »an Deutschlands katastrophale Entscheidung, das russische Kernland anzugreifen«. Er sieht darin den »sicherlich letzten imperialen Versuch, sich eine Angelpunktposition am Rand des eurasischen Kernlands zu sichern, vergleichbar mit den Forts des britischen Kolonialismus entlang der Nordwestgrenze«.

Darum geht es auch bei den jüngsten Kriegsdrohungen gegen den Iran, der ja gar keine Atomwaffen besitzt und sich regelmäßig von den internationalen Behörden kontrollieren lässt – anders als Israel, das illegalerweise welche besitzt und jegliche Kontrollen verweigert. Dass es sich bei den jüngsten US-Kriegen, wie Alfred McCoy meint, um den »letzten imperialen Versuch« des überdehnten amerikanischen Imperiums handelt, könnte sein, denn Russland und im Hintergrund auch China haben spätestens im Syrienkrieg klargemacht, dass sie weitere Expansionen des US-Imperiums nicht dulden werden, auch keinen »Regime change« im Iran.

Dass Teheran im April 2018 den Ausstieg aus dem US-Dollar angekündigt hat und sein Öl künftig in Euro abrechnet, ist eine Provokation erster Klasse. Saddam Hussein und Muammar Gaddafi hat es das Leben gekostet, als sie aus dem Petrodollar aussteigen wollten – ihre nahezu wehrlosen Länder wurden umgehend überfallen und verwüstet. Doch anders als Libyen oder Irak hat Iran zwei mächtige eurasische Atommächte als Verbündete im Hintergrund. Und auch die EU scheint nicht bereit, aus den Atomverträgen mit Iran auszusteigen und mit den USA, Israel und Saudi- Arabien weiter an der Eskalationsschraube zu drehen. Die Leichenberge und das Chaos, das dieses infernale Trio im Irak und in Syrien produziert hat, würde bei einem Angriff auf Teheran in neue Dimensionen wachsen – bis hin zum Schrecken eines nuklearen Krieges. Dass ein solcher Großkonflikt der Blöcke weniger auf amerikanischem oder russischem oder chinesischem Boden, sondern im kontinentalen mittleren Europa zu Katastrophen führen würde, hat man in

Brüssel, Berlin und Paris offenbar verstanden. Es geht noch immer um Mackinders »Weltinsel«, die nicht zusammenwachsen darf.

Vor diesem Hintergrund lässt sich dann auch verstehen, warum weite Teile der westlichen Medien und der Politik seit Jahren einer geradezu infantilen Hysterie verfallen sind, wenn es um Russland und seinen Präsidenten geht, der zum Dämon und Weltfeind schlechthin stilisiert wird. Von allen multimedialen Kanzeln wird in der Kirche der Angst vom »aggressiven Russland« und dem ultrabösen Putin in einer Weise gepredigt, gegen die das Gepolter gegen »gottlose Kommunisten« zu Sowjetzeiten fast schon harmlos erscheint. Die USA verfügen zusammen mit der NATO schon über mehr als das Zehnfache an Raketen und Panzern, aber fordern von ihren Steuerzahlern weiterhin Aufrüstung gegen das Reich des Bösen. Verständlich wird dieser Irrsinn mit einem Blick auf Mackinders »Weltinsel«-Strategie und die aktuell von China ausgebaute neue Seidenstraße.

Wer die schon bestehenden, noch im Bau befindlichen und geplanten eurasischen »Belt & Road«-Projekte in mehr als 65 Ländern und im Umfang von 900 Milliarden Dollar begreift, kann auf einen Blick erkennen, warum es im 21. Jahrhundert mit der unipolaren Herrschaft des anglo-amerikanischen Imperiums zu Ende geht und die Welt multipolar wird. »Geografie ist Schicksal«, soll Napoleon einmal gesagt haben, und derart schicksalhaft hängen auch die Kontinente von Europa und Asien zusammen, als größte Landmasse dieses Planeten und mit zwei Dritteln seiner Bevölkerung. Nur eine tektonische Plattenverschiebung, nicht aber ein noch so desaströser Krieg können an dieser terrestrischen Tatsache irgendetwas ändern. Wer dann wie die NATO und die deutsche Regierung auf Befehl von Washington aufrüsten und Krieg führen will, hat diese Tatsache schlicht nicht verstanden – und eine EU, die jetzt für 6,5 Milliarden Euro panzerfeste Seitenstraßen bauen will, statt Handel und Wandel auf der zukunftsträchtigen Seidenstraße anzustreben, ist einfach nur verrückt. Und wer wie die Bundesregierung schnell noch eine große Zielscheibe – ein neues NATO-Hauptquartier – mitten nach Deutschland verlegen will, ist offensichtlich lebensmüde. Denn der nächste

Weltkrieg wird nuklear sein, und das Schlachtfeld wird NICHT in Amerika, sondern in Europa liegen, vor unserer Haustür. Und dass unsere »Flinten-Uschi« als militärische »Leyen-Darstellerin« mit ihren NATO-Knallköpfen und Donald Trump als Oberkommandierendem erreicht, was weder Napoleon noch Kaiser Wilhelm II noch Hitler geschafft haben – nämlich Russland unter die Knute zu kriegen –, können nur völlig Wahnsinnige glauben. Falls ein paar ihrer Kinder und Enkel das Desaster überleben, werden diese dann, wie Putin unlängst Albert Einstein zitiert hat, wieder »mit Knüppeln und Steinen kämpfen«. Auf nichts anderes läuft die Aufrüstungspolitik der NATO und der derzeitigen Bundesregierung hinaus.

Von Egon Bahr lernen heißt verstehen lernen

Von Daniela Dahn

Für die deutsche Politik gegenüber Russland besteht ein klarer demokratischer Auftrag. Der Bruch zwischen diesem Auftrag und seiner Umsetzung könnte größer nicht sein. Natürlich können Politiker nicht einfach nach Meinungsumfragen regieren – dann könnte man sie sich ja sparen. Aber wenn sie den Wählerauftrag und die Haltung ihrer Parteibasis derart ignorieren, könnte auch die Frage ihrer Zweckdienlichkeit auftauchen.

94 Prozent der Deutschen halten gute Beziehungen zu Russland für wichtig. So das Ergebnis einer umfangreichen Studie des forsa-Institutes für Politik und Sozialforschung vom April 2018. Bei den SPD-Mitgliedern sind es sogar 98 Prozent. Da ist das Erbe von Willy Brandt und Egon Bahr noch lebendig. 97 Prozent von ihnen befürworten eine von den USA emanzipierte Politik, die die russischen Interessen berücksichtigt.

Da liegen die Genossen noch vor den recht russlandfreundlichen Ostdeutschen, die ihre einstige Besatzungsmacht offenbar nicht in so schlechter Erinnerung haben. Auch wenn die Massenorganisation»Deutsch-Sowjetische-Freundschaft« eine leere Hülle war, so haben doch bis 1989 alle Russisch gelernt. Oft ungern, aber heute schenken sie sich Souvenirs mit der Aufschrift: Венн Ду дас лезен каннст, бист Ду кейн Весси! In den Lehrplänen war die heroische Gegenwartsliteratur obligatorisch, in den Konzertsälen und auf den Bühnen begegnete man aber der russischen Klassik, und Kenner schätzten lange vor der Perestroika für DDR-Verhältnisse bemerkenswert kritische sowjetische Filme und Romane. Nicht wenige haben das Land und seine nach deutscher Kriegsschuld staunenswert gastfreundlichen Menschen auf Reisen kennengelernt – Delegazija – dienstlich, studienhalber, touristisch, gelegentlich auch privat. Zigtausende junger Leute arbeiteten über Monate auf der Großbaustelle der Erdgastrasse Druschba. Jahrelang wurde an dem über 500 Kilometer langen DDR-Abschnitt quer durch die Ukraine gebaut. Eine technische und finanzielle Herausforderung, da zahllose Berge, neun Sümpfe, ein Stausee und der mächtige Fluss Dnepr durchquert werden mussten. Nach Inbetriebnahme der Leitung zahlte die Sowjetunion mit zum Teil kostenlosem Gas. Schließlich wurde auch noch eine Erdgasleitung in Sibirien begonnen, bei bis zu plus 40 Grad im Sommer und minus 40 im Winter. In Westeuropa kam sie erst 1993 an, nun standen die kostenlosen Anteile dem vereinten Deutschland zu. Gedankt wurde das den Trassniks nicht, schon weil es unerwähnt blieb. Langlebiger als der einstige Frust wegen der politischen Bevormundung ist offenbar bis heute eine gewisse Alltagsnähe durch gemeinsame, realsozialistische Erfahrungen.

Doch daran anzuknüpfen, war nicht beabsichtigt. Die engen wirtschaftlichen, wissenschaftlichen und kulturellen Beziehungen wurden weitgehend gekappt. Empfing Putin als russischer Präsident vor vielen Jahren für eine Rede vor dem Bundestag noch stehende Ovationen, so wird er heute in den Leitmedien meist in einer Reihe mit den Despoten Erdogan und Trump genannt. Was seiner Rationalität wahrlich nicht gerecht wird. Zu seinem Kalkül gehören innenpolitisch zweifellos beklagenswerte Zugeständnisse an die Orthodoxe Kirche, an Oligarchen und Dogmatiker. Doch in der für Beziehungen entscheidenden Außenpolitik gilt er den Deutschen als vertrauenswürdig. Von Russland geht keine Gefahr aus – das empfinden 91 Prozent von ihnen. Daran hat auch die Krim nichts geändert. Die Frage, ob im Völkerrecht das Selbstbestimmungsrecht der ansässigen Bevölkerung oder die Unverletzlichkeit der territorialen Souveränität Vorrang hat, ist für viele offen.

Am 11. September 2013 veröffentlichte die *New York Times* einen offenen Brief Putins an das amerikanische Volk. Gewalt habe sich als unwirksam und sinnlos erwiesen, hieß es darin. Es war ein geradezu flehender Appell, zum Weg zivilisierter, politischer Vereinbarungen zurückzukommen, das Völkerrecht einzuhalten und militärische Interventionen zu unterlassen. Aber da war Putin in gefährlicher Weise schon zum Lieblingsfeind erkoren worden. Von einer Sicherheitsarchitektur unter Einbeziehung Russlands wollte die NATO nichts wissen. Längst war sie kein Verteidigungsbündnis mehr, sondern eroberte unter dem Propagandaschild der Menschenrechte gewaltsam geostrategische Macht. Doch keine bewaffnete »humanitäre Intervention« hat Humanismus gebracht. Die angeblich »friedenserzwingenden Maßnahmen« haben nur Hass und Fundamentalismus gefördert. Deshalb müssen die Ausgaben der NATO-Staaten, die jetzt schon über eine Billion Dollar im Jahr betragen, angeblich noch erhöht werden. Ohne konkrete Bedrohungs- und Bedarfsanalyse muss Russland herhalten als Begründung für Rüstungsforderungen der US-Regierung, die auch als Bestandteil des Wirtschaftskrieges gegen Europa gedeutet werden können.

UN-Generalsekretär António Guterres hat auf der ansonsten von Hardlinern dominierten Münchner Sicherheitskonferenz im Februar 2018 die dramatisch gefährliche Kriegssituation in der Welt vor Augen geführt. Und er hat als Einziger der russischen Föderation gedankt für die Konferenz in Sotschi, die eine Friedenslösung und freie Wahlen in Syrien gefordert hat und vom Westen boykottiert und von der Großpresse nur kritisiert wurde.

In München wurde auch die angebliche Notwendigkeit neuer, kleinerer Atomwaffen debattiert, die die Hemmschwelle angeblich erhöhen sollen. Spürbar fehlte ein Entspannungspolitiker wie Egon Bahr. Seit seiner Tutzinger Rede »Wandel durch Annäherung« 1963 hatte er sich das Image des Meisters der Diplomatie erworben, des Brückenbauers, der Krisen durch Verhandeln entschärft. Frieden war seine Priorität.

Eine der letzten Reden Egon Bahrs galt dem 60. Jahrestag des Russel-Einstein-Manifestes im Juli 2015. Darin erinnerte er an etwas, was doch eigentlich alle wissen: Die atomare Zweitschlagfähigkeit, über die alle A-Mächte verfügen, macht die klassische Hoffnung auf Sieg im Krieg sinnlos. Wer zuerst schlägt, stirbt als Zweiter, setzt die verrückte Bereitschaft zum eigenen Ende voraus. Die Theorie der Abschreckung sei eine unverwendbare Theorie geworden. Sicherheit voreinander muss durch Sicherheit miteinander ersetzt werden. Wer erinnert heute noch an die Lehren von Brandt und Bahr? Als vor 20 Jahren auf Initiative von Egon Bahr und Günter Grass der Willy-Brandt-Kreis gegründet wurde, eine Art Thinktank von linken Sozialdemokraten und Linken mit und ohne Parteibuch, hatte ich die Ehre, dabei zu sein. In unserem Gründungsaufruf 1998 hieß es: »Der Mangel an Orientierung für Deutschland und Europa ist offenbar. Die gesamteuropäische Stabilität muss über und vor die Erweiterung der NATO gestellt werden. Ein ungebändigter Kapitalismus vernachlässigt sein wertvollstes Kapital, den Menschen. Transnationale Großunternehmen operieren ohne Gegenmacht und unterminieren die Demokratie. Die Politik muss die Fähigkeit zurückgewinnen, auch der Ökonomie gesellschaftliche Rahmenbedingungen zu setzen. Wenn das nicht gelingt, drohen in Europa Verhältnisse wie in der Weimarer Republik.«

Inzwischen sind diese fast erreicht. Mein politisches Denken wurde durch die Begegnung mit Egon Bahr und dem Kreis dahingehend bestärkt, dass bei Verhandlungen mit Überheblichkeit nichts zu erreichen ist, sondern man sich der Unvollkommenheiten und Fehler der eigenen Seite immer bewusst sein sollte. Westliche Werte – diesen Euphemismus hat Bahr nie benutzt. Weil damit die freiheitlichen Ideale von Demokratie als Feigenblatt benutzt werden, die Verheerungen der in globalen Zwängen der Gewinnmaximierung steckenden Wirtschaftsordnung zu kaschieren. Damals schon sagte er: »Täglich sind die Entartungen eines Kapitalismus zu erleben, der seinen Konkurrenten verloren hat. Seine Fähigkeit, sich ohne Konkurrenz zu reformieren, muss noch bewiesen werden.«

Diese Hoffnung nicht aufgebend, verfassten wir im Kreis unter seiner Federführung einen Appell zur Beendigung des Jugoslawien-Krieges – vergeblich natürlich. Gegen NATO-Logik kam auch ein Egon Bahr nicht an, aber er ließ nicht locker. Zu einem normalen Selbstwertgefühl gehöre auch die Fähigkeit, einmal Nein zu Vorschlägen der Verbündeten zu sagen, beharrte er. »Die konzeptionslose Ausweitung der NATO – bis wohin eigentlich? –, ohne die vereinbarte Partnerschaft mit Russland zu vollziehen, möge Deutschland verhindern.« Später beklagte er in unserer Runde, die NATO-Osterweiterung sei ein Jahrhundertfehler gewesen.

Oft gingen seine visionären Forderungen der realen Politik zu weit. Etwa wenn er warnte, den Schutz von Menschenrechten nicht als Begründung für Gewalt und Eroberung zu missbrauchen. »Gewalt ist vollkommener geworden als das Völkerrecht. Eine weltweite Diskussion über Prävention ist dringend erforderlich.«

Wer sich mit Russland einlässt, kann die Berührung mit Tragik nicht vermeiden, war seine Erfahrung. Wofür Stalingrad nur eine Metapher von vielen ist. Und doch einmalig dafür, den Ausgang des Krieges bestimmt und die Tragik folgerichtig auch gegen die Eindringlinge gewendet zu haben. Egon Bahr verhandelte auf oberster Ebene, hat dort Kontakte gehalten bis zu privaten Freundschaften. Bei seiner späten Hochzeit 2011 war auch Valentin Falin geladen und sein zuverlässiger Freund und »back channel« Wjatscheslaw Keworkow. Dieser KGB-Mann hatte die Verhandlungen mit Egon Bahr vorangetrieben, die 1970 zum Moskauer Vertrag führten. Heute lebt keiner mehr von ihnen. Wo sind solche Einladungen noch denkbar, ohne gleich der Kontaktschuld verdächtigt zu werden?

Egon Bahr konnte zuhören, er war neugierig. Und hat uns auch ermuntert, Kontakte auf anderen Ebenen zu pflegen – auf wissenschaftlichen, künstlerischen, lokalen. Wenn die oberste Politikebene versagt, muss der Wille zum Frieden aus der Gesellschaft kommen. Es soll noch Hunderte Hochschul- und Städtepartnerschaften mit Russland geben, aber man hört selten etwas davon. Sind sie nicht mehr aktiv oder haben Journalisten nicht den Auftrag, darüber zu berichten?

Es gibt in Berlin eine große russische Community, ein Russisches Haus der Wissenschaft und Kultur – aber von einem öffentlich wahrnehmbaren Gedankenaustausch kann keine Rede sein. Ich empfinde diese Sprachlosigkeit als Leerstelle. Wo sind denn all die Intellektuellen geblieben, mit denen früher, zumindest für Ostdeutsche mit etwas Sprachkenntnissen, doch Gespräche möglich waren? Was ist eigentlich aus den 20 Millionen KPdSU-Mitgliedern geworden? Sind wir neugierig genug auf Erfahrungen und Erkenntnisse von Menschen, die einst gesellschaftliche Umwälzungen vorantrieben? Der Versuch, Kapitalismus zu überwinden, ist vorerst gescheitert – sind die Ursachen hinreichend besprochen? Was wissen wir über Ansätze, die heutige Defizite in Russland zu überwinden suchen? Sicher, im Zeichen realer Kriegsgefahr scheinen solche Fragen nebensächlich. Aber vielleicht ist das ein Irrtum, vielleicht haben wir keine Zeit zu verlieren, auf allen Ebenen zu ermutigen. 93-jährig hielt Egon Bahr seine letzte Rede, drei Wochen vor seinem Tod. Kein Zufall: in Moskau. Und er fragte darin, ob die Ostpolitik von 1969 wiederholbar sei. Viele Konflikte seien konstant geblieben, aber neue hinzugekommen, die für ein Bündnis beider Seiten sprächen: etwa der IS und der Cyberwar. Man müsse ohne Vorbedingungen verhandeln.

Russland werde allein bestimmen, welche Schritte es zur Demokratie gehe. Die Mehrheit der Länder der Erde lebten mit anderen Werten als den westlichen und erwarten Achtung dafür. »Ich habe noch keine Erwägungen gehört, Sanktionen gegen China oder Saudi-Arabien zu verhängen, weil sie unseren Vorstellungen nicht entsprechen«, spottete er. Deutschland sei vom Rückgang des Handels mit Russland am meisten betroffen, die USA am wenigsten. Dort profitiere man eher von der schwindenden Zusammenarbeit. »Niemand nähme einen Schaden, wenn die Situation auf der Krim respektiert wird, ohne zeitliche Begrenzung«, schlug er vor. Körperlicher Einsatz blieb seinen sprachlichen Bildern vorbehalten: Man müsse die *Hand am Puls des Anderen* halten, um Überraschungen und Missverständnisse zu vermeiden.

Aber Missverständnisse, ja Missdeutung und Missachtung gegenüber Russland wird geradezu kultiviert in den Großmedien. Die Deutungshoheit über die Meinung von Mehrheiten ist im digitalen Zeitalter die wichtigste Waffe geworden. Hier findet die eigentliche Aufrüstung statt, auch wenn die herkömmliche sich wahrlich nicht lumpen lässt. Als Gegengewicht zu russischem Fernsehen sendet seit Anfang 2017 der vom US-Kongress finanzierte, russischsprachige

Kanal Nastojaschee Wremja – Current Time. Dafür wurde Radio Free Europe wiederbelebt, das von Großindustriellen mitbegründete und CIA-gesteuerte Propagandaorgan des Kalten Krieges. Mehr als hundert Reporter berichten 24 Stunden am Tag für das gesamte Gebiet der einstigen Sowjetunion. Man verspricht Neuigkeiten ohne Zensur. Die Argumente ähneln den hierzulande verbreiteten. Aber der Sender wird kaum gesehen. Die Mehrheit der Russen misstraut ausländischen Medien, wie das Institut VZIOM ermittelt hat. Merkwürdig, wo doch die eigenen Medien so staatstreu sein sollen.

Aber das scheint auch hierzulande der Glaubwürdigkeit bei vielen keinen Abbruch zu tun. Laut besagter forsa-Studie glauben 46 Prozent die Räuberpistole, nach der Putin kurz vor seiner Präsidentschaftswahl und seiner Gastgeberschaft bei der Fußballweltmeisterschaft nichts Besseres zu tun hat, als persönlich die Vergiftung seines seit Jahren in London lebenden Ex-Spions Skripal samt Tochter Julia anzuordnen. Die gedungenen Attentäter infizieren die Haustür ihrer Opfer mit dem hochwirksamen Nowitschok, das einst in Usbekistan entwickelt wurde und dessen Rezeptur inzwischen so ziemlich alle Geheimdienste in Ost und West kennen. Die britische Anti-Terror-Einheit bestätigt am 28. März 2018, Gift dort in hoher Konzentration gefunden zu haben. Wenn man es einatmet, tötet es innerhalb von Minuten, über Hautkontakt etwas langsamer. Nichtsdestotrotz verlassen die beiden Skripals unversehrt das Haus, begeben sich in ein Restaurant, wo sie nach russischer Sitte üppig speisen, nehmen noch einen Drink in einem Pub und spazieren anschließend in einen Park. Erst dort beginnt das Gift zu wirken. Gegengifte helfen nur, wenn sie sehr schnell verabreicht werden, aber über die Details ab Parkbank erfährt man nichts. Obwohl die ganze Welt an dem Krankenhausaufenthalt Anteil nimmt. Ein Wort der Betroffenen ist nie zu hören. Dabei bleibt es auch nach der wider Erwarten geglückten Heilung – als Augenzeugen fallen die beiden aus, denn sie müssen vor weiterem völkerrechtswidrigem Chemiewaffen-Einsatz der Russen hochsicherheitsgemäß verwahrt werden. Ja haben die Storyteller noch alle Nadeln an der Tanne? Aber Glaubwürdigkeit ist keine Voraussetzung mehr, auf die man in der Politik Rücksicht nehmen müsste. Der politische Druck von Trump und May war so groß, dass die halbe Welt russische Diplomaten auswies. 69 Prozent der Deutschen sind immerhin gegen diese Strafmaßnahme. Auch gegen wirtschaftliche Sanktionen ist die Mehrheit. Fragt diese sich vielleicht, welcher historische Hintergrund die deutsche Anmaßung legitimiert, gegenüber Russland wieder als Erziehungsberechtigter aufzutreten? Abenteuerlich auch die Behauptung, Trump sei durch russische Einmischung an die Macht gekommen. Falls dieser Präsident je die Absicht hatte, das Verhältnis zu Russland zu entspannen, konnte ihm das so ausgetrieben werden. Jeder Versuch wird als Beweis dafür gewertet, wie abhängig ihn der den Russen geschuldete Dank macht. Dabei lohnt es, sich zu erinnern, worin genau die Wahlbeeinflussung bestanden haben soll.

Vier Wochen vor der Wahl hatte Julian Assange brisante Wikileaks-Enthüllungen angekündigt. Sofort behauptete Hillary Clintons Wahlkampfleiter John Podesta: Wikileaks sei der Propaganda-Arm der russischen Regierung. Dass es einen Zeugen gibt, der die Daten an Assange weitergegeben haben will, erschüttert die Legende nicht, die Geschichte kommt in der deutschen Presse einfach nicht vor. Gegenüber der Daily Mail hat der einstige britische Botschafter in Usbekistan Craig Murray bekannt, er selbst habe die E-Mail-Daten von einem Mitarbeiter der Clinton-Administration bekommen, der frustriert war über die Intrigen gegen Bernie Sanders. Ein Whistleblower also. Mal angenommen, es waren zusätzlich russische Hacker am Werk. Wahlfälschung durch Veröffentlichung der Wahrheit? Weil es nur auf einer Seite geschehen ist? Vielleicht. Doch wann sind Hacker, egal woher, eigentlich Whistleblower, die öffentlich machen, was Wähler wissen sollten? Schließlich muss das Geheimhaltungsinteresse des Staates hinter den Interessen der Öffentlichkeit und der Meinungsfreiheit im Zweifelsfall zurückstecken.

Die *Washington Times* titelte: Waren es doch nicht die Russen? Aber in solchen Fällen verzichten deutsche Leitmedien sogar auf Quoten. Wo kämen sie hin, müssten sie Craig Murray zitieren:»Das Schlimmste an all dem ist, dass es den Konflikt mit Russland verschärft. Das bringt für alle Gefahren – nur nicht für die Rüstungsindustrie und natürlich das größere Budget für die CIA.«[1]

Ebenso wird inzwischen konsequent vermieden, daran zu erinnern, was Hillary Clinton später als den Hauptgrund ihrer Niederlage bezeichnet hat. Dass nämlich der republikanische FBI-Chef Comey zwei Wochen vor der Wahl verkündet hat, dass die strafrechtlichen Ermittlungen gegen Hillary Clinton wegen neuer Funde auf ihrem privaten E-Mail-Server wieder aufgenommen würden. Erst nach der Wahl stellten sich die Funde als belanglos heraus.»Wie das FBI Wahlkampf macht«, titelte der *Tagesspiegel* damals. Nach heutiger Erinnerung hat nur einer Wahlkampf gemacht – Putin.

Das nicht zufällig kurze Gedächtnis der Medien hat überdies längst in Vergessenheit geraten lassen, dass die Russen allen Grund hätten, den Amis eine schicksalhafte Wahlbeeinflussung in Moskau heimzuzahlen. Denn die Amerikaner hatten 1996 Boris Jelzins Wahlfeldzug organisiert. Sie hatten alles Interesse daran, dass der Mann wiedergewählt würde, der mit der Schocktherapie des Washington Consensus, also Privatisierung und Deregulierung, die Wirtschaft des Kontrahenten ruinieren und eigene Interessen berücksichtigen würde.

Als Jelzins Popularität auf fünf Prozent abgesunken war, zogen US-Experten ins Moskauer Hotel»President«. Zu diesem Team gehörten Bill Clintons Wahlhelfer Richard Dresner und der PR-Mann Steven Moore. Diese rieten zu einer Diffamierungskampagne gegen den kommunistischen Gegenkandidaten Sjuganow, unter anderem durch»Wahrheitsschwadronen«, die ihn auf seinen Veranstaltungen mit (damals noch nicht sogenannten) Fake News aus der Fassung bringen sollten. Jelzin willigte ein, als zentrale Botschaft die Gefahr eines Bürgerkrieges zu beschwören, falls die kommunistische Mangelwirtschaft wiederkehre.

Bis dahin hatten die Staatsmedien Jelzin wegen seines Tschetschenien-Krieges verdammt – wie von Zauberhand brachten die großen Fernsehsender in der Woche vor der Stichwahl 158 kritische Beiträge zu Sjuganow und 114 positive zu Jelzin. Für Jelzin, der in den Mehrheitsmedien gern als der einzige russische Demokrat stilisiert wird, waren 100 Millionen Dollar Wahlkampfhilfe von privaten Sponsoren eingegangen. Nach Jelzins Sieg schilderte das US-Magazin *Time* am 15. Juli 1996 detailgenau, wie man sich massiv in Russlands innere Angelegenheiten eingemischt hatte: Verdeckte Manipulation führt zum Erfolg, hieß es dort. Man konnte auch noch Meinungsfreiheit demonstrieren, Kritik an solchen Machenschaften war nicht zu erwarten. Auch der *Spiegel* widmete dem Vorgang einen kurzen Beitrag, der keine Empörung hervorrief. Dank Jelzins zügelloser Privatisierungspolitik wurde eine Kaste russischer Oligarchen mächtig. In der Amtszeit dieses protegierten Präsidenten halbierte sich das Nationaleinkommen, bis Russland 1998 zahlungsunfähig war. Es war Putin, der mit harter Hand allmählich aus diesem Sumpf herausgeführt hat. Der Westen hat wenig Berechtigung, sich moralisch darüber zu erheben.

Die Abkehr von der früheren Entspannungspolitik halten 71 Prozent der Befragten für falsch. (Darunter übrigens viele AfD-Anhänger. Aber diese Neunationalen haben einen Teil ihrer fehlenden Programmatik sowieso von anderen Parteien abgeschrieben, auch von linken. Das kann man bloßstellen und unbeirrt bei seinen Zielen bleiben, bekämpfen sollte man den kruden Kern.) Unter den Ostdeutschen sind es 78 Prozent, die sich die Entspannung zurückwünschen und bei den SPD-Mitgliedern gar 89 Prozent. Der Bruch des neuen SPD-Außenministers Heiko Maas mit der etwas milderen Russland-Linie seiner Vorgänger Steinmeier und Gabriel verärgert 81 Prozent der SPD-Mitglieder. Aber das freie Mandat befreit vor allem von der Rücksichtnahme auf die Basis. Vorsicht also mit Belehrungen über Demokratie. Putin hat höhere Zustimmungswerte. Und auch gewachsenen Einfluss zur Lösung internationaler Konflikte. Weshalb Kanzlerin Merkel nicht umhinkommt, den Sanktionierten zu einem Arbeitsbesuch zu empfangen. Begrüßenswerter Pragmatismus. Dass aber die an guten Beziehungen so interessierte Öffentlichkeit nach dem 18. August diesen Jahres nichts über Ergebnisse erfahren durfte, bleibt merkwürdig.

Wandel durch Annäherung hat zu Entspannung geführt, nicht Wandel durch Abschreckung. Russland ist kein Gegensatz zu Europa, sondern sein Bestandteil. Bis zum Ural auch geografisch. Russlands Kunst hat die europäische geprägt: Dostojewski, Tolstoi, Bulgakow, Eisenstein, Tschaikowski, Schostakowitsch, Chagall, El Lissitzky und ungezählte andere. Europa verstümmelt sich mit der Absonderung von Russland – kulturell, ökonomisch, touristisch, menschlich. Dafür, dass zur deutschen Staatsraison die Sicherheit Israels gehört, gibt es unabweisliche Gründe. Sie beruhen auf historischer Verantwortung. Aus denselben Gründen gebietet es sich, auch die Freundschaft zu Russland zur Staatsraison zu erheben.

Ratloses Erschrecken
Zum Stand der deutsch-russischen Beziehungen

Von Friedrich Dieckmann

Drei Jahre lang (2018 hat man es geändert) haben die Brüsseler EU-Instanzen jeweils am 22. Juni über die einjährige Verlängerung der Sanktionen beschlossen, mit denen sie die russische Regierung für die Einverleibung der Krim bestrafen, jener überwiegend russisch besiedelten Halbinsel, die der Ukrainer Nikita Chruschtschow als Generalsekretär der KPdSU im Jahre 1954 ohne Befragung der Bevölkerung durch einen verfassungswidrigen Verwaltungsakt aus der russischen Föderation an die Ukrainische Sowjetrepublik überschrieb. Es war an einem 22. Juni,[1] als Hitlers Truppen ohne Kriegserklärung in ein Land einfielen, das mit Deutschland durch einen Neutralitätspakt, der einem Bündnis gleichkam, verbunden war. Wie viel Opfer der so begonnene Krieg von den überfallenen Völkern forderte, kann man in den Geschichtsbüchern nachlesen; die Zahl übertrifft um ein Vielfaches alle anderen Opferzahlen. Für viele Politiker, die sich heute mit deutscher Außenpolitik befassen, und für die Journalisten, die sie akkompagnieren, ist dies nur eine Zahl unter anderen; ihre Geschichtsvergessenheit ist die eigentliche Gefahr. Sie stehen immer noch im Bann jener US-amerikanisch inspirierten Propagandamaschine, die die Sowjetunion in den Zeiten des Kalten Krieges zu einer viel größeren Bedrohung stilisierte, als sie ihrem strategischen Potenzial nach sein konnte. Die Profite jener gewinnträchtigen Formation, die militärisch-industrieller Komplex heißt, spielten bei alledem eine beträchtliche Rolle.

Im Hintergrund stand eine narzisstische Kränkung: Die USA sahen sich nach dem Ende des Zweiten Weltkrieges durch die östliche Siegermacht, mit der man bis 1945 kooperiert hatte, um eine Weltherrschaft gebracht, auf die man einen selbstverständlichen

Anspruch zu haben glaubte. Egon Bahr hat es im März 2015 mit dem Lakonismus formuliert, dessen er Meister war: »Das nationale Interesse der USA ist von der moralischen Gewissheit durchdrungen, das auserwählte Volk Gottes zu sein. Nationalbewusstsein und Sendungsbewusstsein sind unlöslich verschmolzen.«[2] Das war deutlich, und es war diplomatisch, denn es war und ist nichts Geringeres als der Anspruch auf Welthegemonie, der sich hinter der ideologischen Ambition einer Einwanderernation verbarg und vormals das politisch-moralische Rüstzeug eines jahrhundertelangen Kolonisierungsprozesses gewesen war. Dieser globale Anspruch wurde im September 1949 fundamental erschüttert durch die Nachricht von einem gelungenen sowjetischen Atombombenversuch; mit einer enormen wissenschaftlich-organisatorischen Anstrengung war es dem von Hitlers Heeren verwüsteten Land gelungen, den amerikanischen Vorsprung auf dem Feld nuklearer Rüstung wenn nicht aufzuholen, so doch entscheidend zu verringern.

Das haben die USA der Sowjetunion niemals vergeben. Nach deren Zusammenbruch haben sie die anhaltende Durchkreuzung ihres Anspruchs auf globalstrategische Dominanz ein Russland entgelten lassen, das sich durch einen extremen inneren Umbruch dem nordamerikanischen Hegemon beträchtlich angenähert hatte; es hatte die leninistischen Machtstrukturen durch oligarchisch-monopolkapitalistische ersetzt und tat es an wiedererwachter Kirchenfrömmigkeit den USA beinahe gleich. Unter Wladimir Putin hatte sich Russland allmählich von der ökonomisch-sozialen Katastrophe erholt, die unter dessen Amtsvorgänger Boris Jelzin über das riesige Land hereingebrochen war infolge einer ökonomischen Fehlsteuerung, zu der dessen amerikanische Berater wesentlich beigetragen hatten. Es war diese Zeit, von der Eric Hobsbawm 1999 sagte, dass in Russland nicht mehr nur die massenhaften Grabsteine des Kommunismus, sondern auch die des Neoliberalismus stünden. Die mittlere Lebenserwartung der russischen Bevölkerung sank in der Ära Jelzin gravierend, und wenn man liest, dass sie sich seit dem Jahr 2000 von 65 auf knapp 73 Jahre erhöht habe[3], dann bekommt man ein Maß für die außerordentlichen Leistungen, die sich mit der politischen Führung eines Mannes verbinden, in dessen Dämonisierung sich einige deutsche Medien nicht genugtun können. Es ist ihnen nicht erlaubt zu begreifen, dass es ein Unding ist, von Russland die Einführung einer parlamentarischen Demokratie nach deutschem, britischem oder amerikanischem Modell zu verlangen. Demokratie in Russland zu entwickeln, sagte Egon Bahr in seiner letzten Rede (am 21. Juli 2015 in Moskau in Anwesenheit von Michail Gorbatschow), sei angesichts dessen besonderer historischer Voraussetzungen ein langwieriger Prozess:»Russland wird allein bestimmen, welche Schritte es zur Demokratie geht. Es wird eine Demokratie à la Russe sein.«[4] Er hätte den geschichtlichen die topografischen Voraussetzungen hinzufügen können. Die russische Föderation mit ihren 21 autonomen Republiken ist mit weitem Abstand zu China und den USA der flächengrößte Staat der Erde und umfasst in Europa und Asien unzählige Einzelvölker mit einer weitgespannten sprachlichen, religiösen und kulturellen Vielfalt.

Von der Katastrophe der Jelzin-Ära und der Erholung des Landes in der Regierungszeit Putins gibt es in deutschen Medien und bei den von ihnen informierten Politikern nur ein schattenhaftes Bewusstsein. Und natürlich: Deutschland konnte Jelzin feiern, unter dem sich der Abzug der sowjetischen Streitkräfte aus der nun ehemaligen DDR vollendete. Dass er die mediale und die politische Landschaft Russlands öffnete, wurde sehr viel deutlicher wahrgenommen als der sozialökonomische Ruin im Gefolge seiner »erratischen« Politik. Sein Nachfolger wurde ein Geheimdienstoffizier, den man als einen Glücksfall für Deutschland ansehen konnte; er sprach so gut Deutsch, dass er, im deutschen Fernsehen von Alfred Biolek gefragt, ob auch seine Töchter Deutsch könnten, antwortete: »Mit mir sprechen sie Russisch.« Als Dresdner Resident des sowjetischen Auslandsgeheimdienstes hatte Putin (Wladimir Krjutschkow, sein oberster Chef, war ein Gefolgsmann Gorbatschows) zweifellos Anteil an dem sich am Abend des 7. Oktober 1989 in Dresden entscheidenden und einen Tag später in Leipzig festigenden Sieg dessen, was mit Recht eine deutsche demokratische Revolution heißt. Seine Offenheit gegenüber dem Westen, sein Werben um

Kooperation mit Deutschland unterstrich er ein Jahr nach seiner Machtübernahme im Deutschen Bundestag durch eine überwiegend auf Deutsch gehaltene Rede, in der er die Leistungen jener deutscher Auswanderer würdigte, die im 18. und 19. Jahrhundert in Russland reiche Betätigungsfelder gefunden hatten, und nicht ohne Pathos erklärte,»das starke und lebendige Herz Russlands« sei »abgesehen von objektiven Problemen und trotz mancher […] Ungeschicktheit für eine vollwertige Zusammenarbeit und Partnerschaft geöffnet«. Das wurde am 25. September 2001 vorgetragen, wenige Tage nach den Angriffen der Al-Qaida-Terroristen auf Pentagon und Welthandelstürme, die Wahrzeichen der amerikanischen Weltmacht. Der darauffolgende Krieg gegen das Afghanistan der radikal-islamischen Taliban führte zu einer Kooperation auch zwischen den USA und dem neu formierten Russland; sie hielt dem von der US-Regierung unter George W. Bush 2003 mit bizarren Propagandalügen völkerrechtswidrig vom Zaun gebrochenen zweiten Irak-Krieg nicht stand. Das von Putin mit Nachdruck und Geschick stabilisierte Russland hatte sich von den inneren Verwüstungen der Neunzigerjahre zu erholen begonnen und beanspruchte nach seiner Armeereform, als Machtfaktor auf der internationalen Bühne ernst genommen zu werden.

Das Land hatte es in den Neunzigerjahren hinnehmen müssen, dass die gesamteuropäische Sicherheitsverantwortung, die der Westen gegenüber Gorbatschows Sowjetunion 1990 bei dem feierlich besiegelten Ende des Kalten Krieges beschwor, keine vertraglich gesicherte Gestalt angenommen hatte. »Sicherheit ist unteilbar, und die Sicherheit jedes Teilnehmerstaates ist unteilbar mit der aller anderen verbunden«, hatte es in der Charta von Paris im November 1990 geheißen. Nun zeichnete sich die Tendenz der USA und des mit ihnen verbündeten europäischen Westens ab, das Land mit einem »Cordon sanitaire« von Staaten zu umzingeln, die ihr sicherheitspolitisches Heil bei einer NATO suchten, die sich unter US-amerikanischem Druck aus einem Verteidigungs- in ein weltweit agierendes Interventionsbündnis verwandelt hatte. *Cordon sanitaire*, das war unmittelbar nach dem Ersten Weltkrieg die Politik Frankreichs, Englands und der USA gegenüber Russland gewesen; in den Pariser Vorortverträgen hatte man dem jungen kommunistischen Staat von der Ostsee bis zum Schwarzen Meer Länder vorgelagert, in denen autokratische Regimes nationalistisch-reaktionären Charakters das Heft in der Hand hielten. Nach dem Sieg über Hitler, mit dem sich einige dieser Staaten im Zweiten Weltkrieg verbündet hatten, schlug Stalin angesichts des sich anbahnenden Kalten Krieges zurück; der von ihm etablierte »Cordon sanitaire« war gegen den Westen gerichtet und bestand mit zwei Ausnahmen aus kommunistisch regierten Staaten, in denen die sowjetische Militärmacht die politischen Strukturen sicherstellte. Die beiden Ausnahmen – bürgerlich-parlamentarische Staaten mit garantierter außenpolitischer Neutralität – waren Finnland und Österreich. Ein vereinigtes Deutschland – das war Stalins Offerte von 1952 – hätte an ihre Seite treten können.

Nun, nach dem Ende der sowjetischen Hegemonie über die westlichen Randstaaten des Imperiums, ging der Westen daran, ein Russland, dem die USA keine gleichberechtigte Stimme in einem europäischen Sicherheitssystem zuerkannten, mit einem Ring von NATO-Staaten zu umgeben. Nach der Integration Polens und Tschechiens, der Slowakei, Ungarns, Rumäniens, Bulgariens und der drei baltischen Staaten in das westliche Militärbündnis, sie alle von schmerzhaften Erinnerungen an die sowjetische Vorherrschaft gezeichnet, wurde 2008 mit dem versuchten Griff der NATO nach Georgien für Russland eine sicherheitspolitische Schmerzgrenze überschritten.[5] Von dem georgischen Präsidenten Micheil Saakaschwili militärisch provoziert, schützte es sich durch die Unterstützung von Autonomiebestrebungen in der georgischen Provinz Ossetien vor der Einverleibung dieses Landes in das westliche Militärbündnis, ein fortschwelender Prozess, der in dem Augenblick lösbar würde, da der russische Staat im Rahmen eines übergreifenden Sicherheitssystems sicher sein könnte, dass ihm in Georgien nicht amerikanische oder gar deutsche Panzer vor die Grenze gestellt würden.

Das Entsprechende begab und begibt sich seit 2014 im überwiegend russisch besiedelten Osten der Ukraine. Muss man daran erinnern, wie der Sturz der korrupten Janukowitsch-Oligarchie und die

Etablierung der kaum weniger korrupten Poroschenko-Oligarchie inszeniert wurde? Eine so fatale Erscheinung der ukrainische Staatschef Janukowitsch auch abgab – er war der gewählte Präsident des Landes und wurde vermittels der Gewehrsalven eines infolge ukrainischer Obstruktion[6] immer noch unaufgeklärten Mordkommandos in dem Augenblick gestürzt, als er sich gegenüber zwei in Kiew angereisten EU-Außenministern zum politischen Rückzug verpflichtet hatte. Sollte die Putin-Administration untätig zusehen, wie in Sewastopol, der im Zweiten Weltkrieg hart umkämpften Stadt an der Westküste der Krim, der Schwarzmeerhafen der russischen Kriegsmarine auf NATO-Territorium geriet? Der NATO-Beitritt einer sich handelspolitisch an die EU bindenden Ukraine war die unverkennbare Intention der von Hillary Clinton geleiteten US-Außenpolitik, die, wie auch der deutsche Außenminister Westerwelle mit seinem Erscheinen auf der Maidan-Barrikade, den Sturz Janukowitschs auf vielen Ebenen befördert hatte. Die russische Regierung sah diesen rücksichtslosen Machinationen nicht untätig zu, sie gliederte die Krim dem russischen Staat wieder ein, dem die Halbinsel 170 von 230 Jahren angehört hatte, und kein Beobachter zweifelte, dass die Bevölkerung der Halbinsel dieser Einverleibung nachträglich in geheimer Abstimmung mit großer Mehrheit zustimmen würde; eben so geschah es.

Den rechtlich ungedeckten Verwaltungsakt, in dem Nikita Chruschtschow die Krim[7] 1954 gegen den Widerstand der dortigen Parteiführung der Ukrainischen Sowjetrepublik überstellt hatte, bekräftigte das geschwächte Jelzin-Russland nach dem Zerfall der Sowjetunion in einem Vertrag mit der autonom gewordenen Ukraine, mit befristeten Sicherheiten für den Standort seiner Schwarzmeerflotte. Von daher war die Einverleibung der Krim ein deutlicher Vertragsbruch, und niemand konnte erwarten, dass er von der Ukraine und den NATO-Staaten ohne Weiteres hingenommen würde. Ihn mit wirtschaftlichen Sanktionen zu ahnden, wich markant von der internationalen Praxis in vergleichbaren Fällen ab; es hat die Beziehungen zwischen Russland und dem Westen in einer Weise belastet, die dringend der Revision bedarf, im Besonderen deutschen wie im allgemeinen europäischen Interesse, das nicht durch die Imagination einer von Russland ausgehenden Bedrohung der an seiner Westgrenze liegenden NATO-Staaten überformt werden sollte. Kein Weltproblem kann heute ohne Russland gelöst werden, und dieses große europäische und weit nach Asien reichende Land an China zu ketten, kann, wie ein neuer amerikanischer Präsident begriffen zu haben scheint, auch nicht im Interesse der US-Politik liegen.

Wie eine solche Revision angebahnt werden könnte, hat Egon Bahr, von der *Bild*-Zeitung befragt, schon bald nach der Integration der Krim in den russischen Föderalverband angegeben. Er tat es noch einmal in der Rede, die er am 26. März 2015 in Berlin hielt, einem politischen Vermächtnis von der unangestrengten Schlüssigkeit, die alle seine Wortmeldungen auszeichnete. In dem auf die Krim bezüglichen Absatz machte er die feine Unterscheidung zwischen Anerkennung und Respektierung der russischen Annexion und stellte eine Analogie zu der westdeutschen Regierungspolitik unter Brandt und Scheel gegenüber der DDR her: keine völkerrechtliche Anerkennung der DDR, aber ihre staatliche Respektierung; diese habe für beide Teile 20 Jahre lang den »völkerrechtlichen Rahmen für viele Verträge und internationale Abkommen« abgegeben.

Zuvor hatte er im Blick auf eine beunruhigend verschlechterte Gesamtszenerie eine Warnung an die Obama-Regierung gerichtet: »Wenn amerikanisches Verhalten den Eindruck erwecken kann, Russland in die Knie zwingen zu wollen, dann teile ich die Meinung von Horst Teltschik, es sei blanker Irrsinn, das hätten schon Napoleon und Hitler versucht.«[8] Diese Warnung war drastisch; natürlich geht es der NATO nicht um die Einverleibung Russlands, sondern um eine Isolierung des Landes und eine Verkürzung seines Einflussgebiets. Hofft man überdies auf einen Demokratieexport nach westlichen Modellen? Druck erzeugt Gegendruck; ein Land mit Sanktionen zu überziehen, ist das sicherste Mittel, nationalistische Tendenzen zu stärken und innere Machtstrukturen zu befestigen. Das westliche Pluralitätsmodell als das fortschrittliche zu bezeichnen und auf innenpolitische Missstände im heutigen Russland zu verweisen, fällt nicht schwer; man vergisst dabei, dass der Anlauf zu einer inneren Demokratisierung in den Neunzigerjahren unter den verheerenden ökonomischen Folgen einer marktradikalen Politik gleichsam begraben wurde. Man vergisst ferner, dass eine fortschreitende Schwächung der Zentralgewalt zuletzt auf den Zerfall der Föderation hinausgelaufen wäre nach dem Muster, das der Zerfall der Sowjetunion abgegeben hatte. Dies festzustellen, bedeutet nicht, eklatante Missstände im heutigen Russland zu übersehen, die von Pressionen gegen regierungskritische Autoren und Politiker bis zur Behinderung historischer Aufklärungsarbeit gehen. Das Problem ist nur, dass es die Politik des Westens war, die den neuen russischen Nationalismus begünstigt, ja geradezu herausgefordert hat. Auch ist nicht zu übersehen, dass trotz aller Schikanen, Verbote und Inhaftierungen die Wirkungsmöglichkeiten oppositioneller Kräfte immer noch um ein Vielfaches größer sind als zu Zeiten der Sowjetunion. Dass die deutsche Öffentlichkeit sich damit nicht begnügt, mag den herrschenden Kreisen Russlands ein Indiz dafür sein, wie sehr man das große Kulturland Russland als einen unverzichtbaren Teil Europas empfindet.

Vier Monate später ist Egon Bahr in Moskau auch auf die Frage der mit der Krim- und der Ukraine-Frage verbundenen Wirtschaftssanktionen zu sprechen gekommen, die die europäische Union im Gleichschritt mit den USA gegen Russland verhängt hatte, zu Lasten beträchtlicher Teile der deutschen Wirtschaft, die in Russland ebenso wie in der Ukraine mit Tausenden Firmen ein dichtes kooperatives Netz aufgebaut hatte, dessen Störung (nicht wenige deutsche Firmen mussten Konkurs anmelden) unstreitig im US-amerikanischen Interesse lag. Diese von der deutschen Regierung wesentlich beförderten Maßnahmen, die vor allem die russische Bevölkerung trafen, haben das Verhältnis der Staaten erschüttert und das Verhältnis der Völker vergiftet, ohne dass sie den mindesten Einfluss auf das angestrebte Ziel – Russlands Zurückweichen vor den westlichen Forderungen – haben konnten; ihre Befürwortung gehört zu den Verhängnissen, die sich in der deutschen Politik mit der Ära Merkel verbinden. Egon Bahrs Worte von 2015 waren die

Stimme erfahrungsgesättigter Weisheit. »Wir könnten also wie zu Beginn der Entspannungspolitik sondieren«, schlug er vor, »und beginnen, einseitig Sanktionen gegen Russland abzubauen. Wir wollen wie damals eine festgefahrene Situation ändern und könnten bei positiver Reaktion auch alle Sanktionen beenden. Das liegt in unserer Kompetenz und entspricht unserem Interesse, auch dem unserer Wirtschaft.« »Ja, das sind Vorleistungen«, fügte er hinzu, »sie erinnern an das Wort von Brandt: ›Manchmal muss man sein Herz am Anfang über die Hürde werfen.‹ Das war damals schwerer als heute.«[9] Er fügte hinzu: »Weil wir kein Protektorat mehr sind, kann dieses Stück Selbstbestimmung Europas mit der Emanzipation von Amerika beginnen.« »Wir können Russland nicht aufgeben, weil es Amerika nicht gefällt«, hatte er vier Monate vorher in Berlin gesagt.

Seine tiefer Sorge um die Zukunft des Kontinents entspringenden Worte, von der deutschen Presse einhellig verschwiegen, sind wirkungslos verhallt. Wenn die Außenminister Steinmeier und Gabriel noch ein Gefühl für die Absurdität der Sanktionspolitik erkennen ließen, so ist bei Gabriels Nachfolger kein Vorbehalt gegenüber einer Politik mehr zu erkennen, die im Schlepptau US-amerikanischer Ambitionen gegen deutsche wie europäische Interessen verstößt. Auf welch bizarrem Niveau deutsche Russland-Politik inzwischen angelangt ist, war einem Gespräch zu entnehmen, das die Zeitschrift *Cicero* unlängst mit Norbert Röttgen, dem Vorsitzenden des Auswärtigen Ausschusses des Deutschen Bundestags, und Wladimir Jakunin führte, dem langjährigen Chef der Russischen Eisenbahnen, einem Weggefährten Wladimir Putins. Röttgen stimmte in diesem Gespräch einer Einlassung des Fragestellers zu, dahingehend, dass »der Einmarsch der USA in den Irak auch nicht gerade im Einklang mit internationalen Regeln« gestanden habe, dann erklärte er: »Trotzdem besteht ein Unterschied zwischen der Verletzung von Regeln und deren Nichtakzeptanz«, Russland nehme »im Unterschied zu den USA ganz grundsätzlich für sich in Anspruch, sich nicht an internationales Recht halten zu müssen«. Er wusste natürlich auch, dass es die USA sind, die dies ausdrücklich tun, und musste sich neben vielem anderen von Jakunin sagen lassen,»dass die USA seit dem Ende des Zweiten Weltkrieges an 50 versuchten oder vollzogenen Regimewechseln in ausländischen Staaten beteiligt waren. Amerika unterhält Militärbasen auf der ganzen Welt.«»Aber statt ständig mit dem Finger aufeinander zu zeigen«, so Jakunin,»sollten wir uns tatsächlich um Lösungen bemühen. Es geht immerhin um das Überleben der Menschheit.«[10]

Das ist nicht zu hoch gegriffen, und wenn man aufseiten der CDU Positionen von erschreckender Politikferne wahrnimmt, fragt man sich, wie die deutschen Sozialdemokraten hier gegensteuern. Ihre Führung unterlässt dies, wie sie so vieles unterlässt, was ihr und dem Land nottut. Die SPD hat in dem Bundestagswahlkampf des Jahres 2017 kein Wort über die deutsche Russlandpolitik verloren, die seit alters eine nationale Schicksalsfrage gewesen ist; sie hat den Ruf nach einem rationalen Umgang mit den russischen Sicherheitsbedürfnissen einer rechtsgerichteten Partei überlassen, die auch aus diesem Defizit ihre Existenzberechtigung ableitet. In einem Interview mit dem *Tagesspiegel* hat der Politologe Wolfgang Merkel, Mitglied der SPD-Grundwertekommission, mit knappen Worten auch auf dieses Defizit verwiesen:»Außenminister Heiko Maas erklärt, er sei weiß Gott nicht wegen Willy Brandt in die Politik gegangen. Die Abkehr von der Idee einer Ostpolitik und Sanktionen gegen Russland halte ich für einen großen Fehler. Unseren Interessen dient es jedenfalls nicht.«[11]

Dass im Lauf des 20. Jahrhunderts auch die deutsche USA-Politik zu einer nationalen Schicksalsfrage wurde, ist dabei immer mitzubedenken[12]; niemand hat es weniger außer Acht gelassen als Egon Bahr. Im Ausgleich dieser und anderer Anforderungen gilt es nach der einen wie der anderen Seite und ganz ohne die moralistische Selbstüberhebung, mit der deutsche Politik ihr Versagen gern bemäntelt, Augenmaß, Mut und Fantasie zu bekunden; nach allen drei sieht man sich die Augen aus. Man könnte meinen, dass die disparaten Verhältnisse der EU deutscher Politik heute engere Schranken setzten als um das Jahr 1970 der Kalte Krieg. Gerhard Schröders Aktivitäten in den Krisen von 1998 und 2003 scheinen das Gegenteil zu belegen, allerdings: Sie lagen vor der EU-Aufnahme der osteuropäischen Staaten.

Das Erschreckende ist, dass deutsche Politik gegenüber Russland nicht nur politische Errungenschaften verspielt hat, sondern auch die Annäherung der Völker bis hin zur Umkehrung eines bis dahin befriedeten und sogar freundschaftlichen Verhältnisses. Auf einem asphaltenen Gehweg im Treptower Park, unweit des sowjetischen Ehrenmals und Soldatenfriedhofs, las ich am Tag nach dem deutschen Ausscheiden aus der Fußball-Weltmeisterschaft mit Kreide die Worte geschrieben: »Wer deutsche Panzer an russische Grenzen stellt – braucht kein Weltmeister sein – danke Südkorea 2018«. Die ungelenken Zeilen haben mich erschüttert, und es hat mir auch nicht der Gedanke geholfen, dass diese Panzer der von Grund auf friedlichen NATO zugehören und dass sie an der russischen Grenze als Zeichen unverbrüchlicher Treue zu den Interessen der Vereinigten Staaten stehen. Ein Schaden ist angerichtet, dessen Wiedergutmachung größte Anstrengungen erfordert, und in einer erfahrungslosen Politikergeneration ist niemand in Sicht, der die Kraft und den Willen aufbrächte, einen Weg selbstständigen Denkens und Handelns zu gehen, wie ihn Willy Brandt, Walter Scheel, Egon Bahr und viele andere einst in einer noch viel gefährlicheren Situation im deutschen Interesse einschlugen.

Zum Umgang mit Russland – Rückkehr zu bewährten Strategien

Von Frank Elbe

Erfolge und Erwartungen

Die deutsche Vereinigung und die anschließenden großen Veränderungen waren keine Laune der Geschichte, sondern das Ergebnis beharrlicher, diplomatischer Kärrnerarbeit. Es waren die Erfolge einer jahrzehntelangen Strategie, die sich aus dem Harmel-Bericht der NATO und dem KSZE-Prozess ableitete. Die deutsche Einheit wurde erreicht, ohne dass ein einziger Schuss abgefeuert wurde. Der Prozess wurde durch die Charta von Paris gekrönt, welche die Entfeindung zwischen früheren Gegnern einleiten sollte.

1990 hatte niemand ernsthaft angenommen, dass mit der deutschen Wiedervereinigung das Ende der Geschichte gekommen wäre. Es war Skepsis gegenüber der von Francis Fukuyama in seinem Buch *Das Ende der Geschichte* vertretenen These angebracht, dass die Welt nunmehr in eine »liberale, konfliktfreie Entwicklung« eintreten würde, aber es schien schon so, dass wir – um mit Berthold Brecht zu sprechen – die »Mühen der Berge hinter uns hatten, nun aber die Mühen der Ebenen vor uns lagen«. Alle Beteiligten der Charta von Paris waren überzeugt, dass die weitere Entwicklung die Tür zu einer breiten Kooperation in dem Gebiet von Vancouver bis Wladiwostok aufstoßen würde. Das sollte sich leider so nicht erfüllen

Enttäuschungen und verspielte Chancen

Es lag außerhalb jeglicher Erwartungen, drei Jahrzehnte nach dem Ende des Kalten Krieges, eine Lage vorzufinden, in der wir von allen guten Geistern verlassen worden sind und in der reale Bedrohung und absurdes, gefährliches Theater so nahe beieinander liegen.

Das heutige Drama besteht darin, dass der lange mühsame Weg, aus der Konfrontation über eine Politik der Zusammenarbeit, der Vertrauensbildung, der Abrüstung und Entspannung zu mehr Sicherheit zu gelangen, ja vielleicht einen Zustand des Friedens zu erreichen, verlassen worden ist. In dem von Gorbatschow beschworenen »europäischen Haus« scheint kein Zimmer mehr für Russland frei zu sein. Die Meinung, dass Russland von einer »dauerhaften und gerechten Friedensordnung in Europa« besser ausgeschlossen wäre, gewinnt an Boden.

Die Bereitschaft der NATO-Staaten, mit Russland kooperative Ansätze zu entwickeln, ging immer mehr verloren – gemessen an jener Aufbruchsstimmung, als der Londoner NATO-Gipfel 1990 der Sowjetunion »die Hand der Freundschaft« reichte. Diese Entwicklung allein an der Annexion der Krim festzumachen, wäre fahrlässig. Sie hat schon viele Jahre früher eingesetzt, als Russland keinerlei Anlass für einen Paradigmenwechsel in der NATO gegeben hatte

Wir befinden uns nicht in der Vorphase einer militärischen Auseinandersetzung, aber wir marschieren in Riesenschritten in den Kalten Krieg zurück. Wir bieten dieser Entwicklung keinen Einhalt, sondern taumeln eher einem Abgrund entgegen.

Europäische und amerikanische Interessen fallen auseinander

Europa hat – wenn es auch von einigen Ländern nicht so gesehen wird – eine eindeutige Interessenlage: beständige, berechenbare Beziehungen zu Russland. Diese entsprechen unseren geschichtlichen Erfahrungen und unseren politischen und wirtschaftlichen Interessen. Die USA setzen hingegen auf eine politische und wirtschaftliche Ausgrenzung Russlands.

Gute Beziehungen zu Russland sind überlebenswichtig. Es wird keine Sicherheit gegen, sondern nur mit Russland geben. Nur eine kontinuierliche, ernsthafte und vertrauensbildende Zusammenarbeit der Nuklearmächte USA und Russland bietet Europa Schutz vor nuklearen Katastrophen. Europa würde von solchen Fehlentwicklungen stärker betroffen sein als die USA. Ein solcher Schutz wäre nicht mehr gewährleistet, wenn die USA die Zusammenarbeit mit Russland verweigern.

Man kann einen so gigantischen Partner wie Russland politisch und wirtschaftlich nicht einfach abkoppeln. Die wirtschaftliche Entwicklung von Europa würde einbrechen. Es gibt Kreise in den USA, die dieses Ziel seit Jahren hartnäckig verfolgen. Sie wollen das wirtschaftliche Gewicht der Europäischen Union und Deutschlands reduzieren und verhindern, dass sich die billigen Arbeitskräfte und die Rohstoffe Russlands mit dem deutschen Kapital und der deutschen Technologie »vermählen«. Ein in *Cicero* veröffentlichtes Gespräch mit dem Chef des einflussreichen Thinktanks »Stratfor«, George Friedman, vermittelt hierzu interessante Einblicke. Aber die USA würden selbst erheblichen Schaden nehmen, wenn sie auf die Synergien verzichten würden, die sich bei voller Ausschöpfung der wirtschaftlichen Möglichkeiten im Kooperationsraum von Vancouver bis Wladiwostok einstellen.

Die klassische amerikanische, inzwischen wieder vorherrschende Vorstellung geht von einer durch die USA als einziger Supermacht bestimmten Weltordnung aus. Zbigniew Brzeziński empfahl den USA 1997 in seinem Buch *Die einzige Weltmacht*, den eurasischen Kontinent unter ihrer Kontrolle zu halten und keinen Herausforderer aufkommen zu lassen, der Eurasien beherrschen und so eine Bedrohung für Amerika darstellen würde. Alle potenziellen Herausforderer der USA kämen aus dem Raum zwischen Lissabon und Wladiwostok. Seine Ansichten versorgten die national-konservativen Amerikaner mit neuen Stichwörtern.

Der Kalte Krieg erfuhr nun im Nachhinein eine veränderte Rechtfertigung: Die Eindämmungspolitik gegenüber der Sowjetunion wurde mit geopolitischen Interessen der USA begründet. Das macht dann auch die merkwürdigen Ausführungen des bekannten amerikanischen Kolumnisten der *New York Times*, Tom Friedman, auf der Münchener Sicherheitskonferenz 2008 verständlicher: »Wir erwarten von Euch Russen, dass Ihr Euch wie eine westliche Demokratie verhaltet, aber wir werden Euch behandeln, als wäret Ihr weiterhin die Sowjetunion. Der Kalte Krieg ist für Euch vorbei, aber nicht für uns.«

Rückkehr zu bewährten Strategien und Zielsetzungen?

Politische Logik gebietet unverändert die Pflege und den Ausbau transatlantischer Beziehungen. Es ergibt keinen Sinn, die Beziehungen zu den USA und den Fortbestand der NATO in Frage zu stellen.

Europa ist keine Insel in der Welt – es ist vom Miteinander mit anderen Staaten und Regionen abhängig. Die EU und die USA unterhalten mit großem Abstand die wichtigsten Beziehungen zwischen zwei Kontinenten in der Geschichte der Menschheit. Sie sind die wirtschaftlich am stärksten miteinander verflochtenen Regionen weltweit. Europa braucht eine starke Partnerschaft mit den USA und umgekehrt.

Eine NATO, die schon 1967 die Schaffung einer dauerhaften und gerechten Friedensordnung forderte, bleibt aktuell, soweit sie ihrer Zielsetzung treu bleiben will. Das ausgewogene Gleichgewicht zwischen »ausreichender militärischer Sicherheit« und einer Politik der Entspannung, Zusammenarbeit und Abrüstung – wie im Harmel-Bericht festgeschrieben – hat unverändert das wesentliche Instrument westlicher Sicherheitspolitik zu sein. Die NATO hat sich als politisches Bündnis zu verstehen. Dieses Verständnis ist in den zurückliegenden Jahren verwischt worden. Abschreckung allein kann keine Politik sein. Sie war nie eine reine Militärallianz und darf es auch in Zukunft nicht sein, sondern muss, auch bei einer sich verändernden Sicherheitslage in Europa, bereit sein, in neuen kollektiven Sicherheitssystemen aufzugehen.

Einige meinen, dass die damalige Ostpolitik heute scheitern würde, weil die aktuellen Probleme viel schwieriger seien. Es hat

zu keinem Zeitpunkt – und sicher auch nicht heute – größere Be-
drohungen für Europa gegeben als zur Zeit des Kalten Krieges. Auf
beiden Seiten der Demarkationslinie durch Deutschland gab es
ein präzedenzloses Massenaufgebot von Streitkräften, Panzern,
Raketen, Kampfflugzeugen und Geschützen. Es hat die Politik nicht
aufgehalten, Frieden nach Europa bringen zu wollen. Wir haben
mit dieser Politik die Wiedervereinigung, den Rückzug der sowjetischen Truppen aus Mitteleuropa und die Auflösung des Warschauer Paktes erreicht, bekanntermaßen nicht gegen, sondern
mit der Sowjetunion.

Unsere Fähigkeit, Krisen bewältigen zu können, sollte lösungsori-
entiert auf die gegenwärtige, nun seit Jahren vor sich her dümpelnde
Ukraine-Krise und die Beziehungen zu Russland angewandt werden. Die Annexion der Krim war ein völkerrechtliches Delikt, auch
wenn Russland seit Jahren die USA immer wieder vor den Folgen
einer weiteren Verschiebung ihrer Einflusssphäre gewarnt hat. Andererseits geht es nicht an, die realpolitischen Interessen der USA
und Russland, ihre Einflusssphären in der Region behaupten bzw.
erweitern zu wollen, auszublenden und über eine Versteinerung
der Rechtsfrage jedwede politische Lösung zu verhindern. Dies ist
längst nicht mehr die Stunde der Gesinnungsethiker. Es geht vielmehr darum, im Interesse unserer Sicherheit die Stützpfeiler für
die Beziehungen zu Russland wieder zu verstärken. Es besteht kein
Anlass, im Umgang mit Russland neue Parameter zu definieren.

Die Folgen eines Auseinanderdriftens

Die Folgen eines Auseinanderdriftens zwischen Europa und den
USA wären verheerend. Wir erleben gegenwärtig eine Zerreißprobe
in Washington. Die USA senden der Welt völlig widersprüchliche
Signale. Einerseits haben wir es mit einem amerikanischen Präsidenten zu tun, der bei seinem Regierungsantritt ein gutes Verhältnis zu Russland anstrebte. Auf der anderen Seite sehen wir an den
fortschreitenden Verschärfungen der Sanktionen gegen Russland,

dass Senat und Repräsentantenhaus Präsident Trump unerbittlich eine russophobe Politik abverlangen

Wem nützt es, wenn die Ausrichtung der amerikanischen Diplomatie nicht mehr verständlich ist, wenn infolgedessen die Krise in der Ukraine – der erste Stellvertreterkrieg auf europäischem Boden – keine Aussicht auf ein Ende hat, wenn sich Europa spaltet, der Zusammenhalt des nordatlantischen Bündnisses zerbrechen würde, wenn tiefe Risse zwischen Europa und Amerika entstehen und wir Europäer Russland und seine Menschen als Partner verlieren?

Die globalisierte Welt beruht auf Arbeitsteilung, wechselseitiger Abhängigkeit, Zusammenarbeit und gegenseitiger Anerkennung. Wenn Entwicklung, Wohlstand und Sicherheit nachhaltig Bestand haben sollen, muss das Prinzip gelten, dass wir Probleme nur gemeinsam lösen können und kein Staat sich anmaßen darf, es alleine schaffen zu wollen und anderen mitzuteilen, was für sie gut ist.

Eine Politik, die nicht auf Zusammenarbeit mit Russland, sondern auf Ausgrenzung abstellt, kollidiert mit unseren Wertvorstellungen. Sie wäre verfassungsfeindlich. Das Grundgesetz hat in Artikel 26 eine Verpflichtung verankert, das friedliche Zusammenleben der Völker zu fördern.

Wir sind offen für jede Form der Zusammenarbeit, aber nicht um jeden Preis. Unsere Zusammenarbeit verlangt eine Partnerschaft auf Augenhöhe, Berechenbarkeit und gegenseitigem Respekt. Gleichzeitig ist es wichtig, sich darüber klar zu werden, was Europa ist und wo es in der Welt steht. Dies bedeutet auch, die wirtschaftliche Stärke Europas und den daraus folgenden politischen Einfluss stärker in das europäische Bewusstsein aufzunehmen. Die Amerikaner haben uns Europa nicht als Lehen gegeben, und wir sind nicht ihre Vasallen. Es ist unser angestammter Kontinent, über den wir bestimmen wollen. Ohne jeglichen Ehrfurchtsgestus müssen wir jetzt Amerika an seine politische Verantwortung erinnern. Wir haben Anspruch auf eine berechenbare US-Außenpolitik. Und die Amerikaner müssen verstehen, dass, wenn es gar nicht anders geht, es auch ohne sie gehen wird.

Deutschland muss Vorbild sein für friedliche und freundschaftliche Beziehungen zu Russland

Von Justus Frantz

Als ich im September 2013 nach Israel ging, um die Stelle des Chefdirigenten der staatlichen Israel Sinfonietta, Beer Sheva, anzutreten, tat ich das aus voller innerer Überzeugung. Dass mir als evangelischem Christen und erstem nicht jüdischen Deutschen ein solches Staatsamt angeboten wurde, war für mich ein großes emotionales Erlebnis – und zugleich eine moralische Verpflichtung. Ich habe mein Amt immer auch als Aufgabe gesehen: zu helfen, Gräben zu überwinden und Brücken zu bauen. Mich aus Liebe zu Israel – wie auch zu meinen arabischen Freunden in den angrenzenden Ländern – für eine friedliche Zukunft in einem Teil der Erde einzusetzen, in dem ein politisches Pulverfass jederzeit explodieren und die ganze Welt in Brand setzen kann. Eine Aufgabe, die für mich sowohl vor dem Hintergrund unserer deutschen Geschichte als auch meiner eigenen Biografie besondere Bedeutung hatte. Von frühester Jugend an habe ich erfahren, was Krieg und Verfolgung bedeuten, und weiß, wie unsere Familie jüdischen Verwandten während der Zeit des Nationalsozialismus und im Zweiten Weltkrieg helfen konnte.

Ähnliches empfinde ich bei Russland. Für mich ist das deutschrussische Verhältnis ebenso besonders wie das deutsch-israelische.

Auch Russland und den anderen Nachfolgestaaten der Sowjetunion gegenüber trägt unser Land Verantwortung. Deutschland hat von 1941 bis 1945 einen mörderischen Vernichtungskrieg gegen die sowjetische Bevölkerung geführt, dem mindestens 27 Millionen Menschen zum Opfer gefallen sind, mehr als die Hälfte von ihnen waren Zivilisten. Tausende Dörfer und Städte in Russland, der Ukraine und Weißrussland wurden zerstört. Wer einmal die weißrussische Hauptstadt Minsk besucht hat, weiß, was es heißt, eine Stadt dem Erdboden gleichzumachen und »verbrannte Erde« zu hinterlassen. Ich kann das und werde das nicht vergessen! Wir haben uns schwer damit getan, uns dieser Verantwortung zu stellen. Nach dem Zweiten Weltkrieg herrschte im westlichen Nachkriegsdeutschland eine antikommunistische, auch russophobe Grundhaltung vor. Wir konzentrierten uns auf die Kriegsverbrechen der Sowjets und wussten zu wenig – oder wollten zu wenig wissen – über die Gräueltaten der Nazis und der Wehrmacht. Geschweige denn, dass wir erkannten, dass der Krieg einzig und allein durch ein mörderisches deutsches System begonnen worden war.

Ich bin auf einem sehr schönen Gut in Ostholstein aufgewachsen. Die innerdeutsche Grenze, die die beiden sich im Kalten Krieg gegenüberstehenden, völlig unterschiedlichen Wirtschafts- und Gesellschaftssysteme trennte, war 50 Kilometer entfernt. Nie hätte ein solches Familiengut mit fast noch feudalistischen Strukturen im Sozialismus überlebt! So lag ein Schatten über uns: die Bedrohung aus dem Osten, der, wie wir es verstanden, seinen Traum vom Weltsozialismus nur durch die Vernichtung unserer Träume verwirklichen konnte.

Wie real diese Bedrohung war, davon zeugt die Gedenkstätte Point Alpha an der ehemaligen innerdeutschen Grenze bei Rasdorf im Kreis Fulda. Hier, an einem der »heißesten Punkte« im Kalten Krieg, standen sich die Vorposten der mit atomaren Waffen hochgerüsteten Machtblöcke Auge in Auge gegenüber. Atomminen waren für eine mögliche Zündung 500 Meter voneinander entfernt auf beiden Seiten der Grenze eingegraben! 2005 war ich als Laudator dabei, als der erste Point-Alpha-Preis an die drei Politiker verliehen wurde, die mit ihrem Einsatz für die deutsche Einheit auch das Ende des Kalten Krieges besiegelten: Helmut Kohl, George Bush senior und Michail Gorbatschow.

Die Welt war mit einem Mal sicherer geworden. Wie sehr wir unter der Gefahr aus dem Osten und der dunklen Drohung, dass der Kalte Krieg jederzeit in einen heißen, möglicherweise nuklearen Krieg umschlagen könnte, gelitten haben, wurde erst klar, als diese sich aufzulösen begannen. Es war eine Zeit des Aufbruchs und der Euphorie, in der 1990 die Charta von Paris festhielt, dass das »Zeitalter der Konfrontation und der Teilung Europas zu Ende gegangen ist«.

Gemeinsam mit Valery Gergiev, dem heutigen Chefdirigenten des Mariinsky Theaters und der Münchner Philharmoniker, gründete ich damals die Deutsch-Sowjetische Junge Philharmonie. Als wir vor einem Konzert zu Ehren Michail Gorbatschows und Helmut Kohls jeweils die Hymnen des anderen dirigierten, konnten wir unsere Tränen nicht zurückhalten. Wir verstanden, dass Zukunft nur in der Überwindung des Trennenden liegt!

Heute, fast 30 Jahre nach dem Fall der Mauer, frage ich mich: Ist es noch das Primat der deutschen und auch europäischen Politik, eine Teilung Europas und einen Kalten Krieg nie wieder zuzulassen und ein gemeinsames Haus für die Zukunft zu bauen?

Eines jedenfalls ist gewiss: Ohne Russland oder gegen Russland werden wir in Europa keine Zukunft haben. Und doch lassen wir es zu, dass die Gräben zwischen Ost und West sich wieder vertiefen. Wie in den finstersten Zeiten des Kalten Krieges – so scheint es mir – setzen wir eher auf Konfrontation und militärische Aufrüstung statt auf Kooperation und Entspannung.

Dabei hatten gerade Deutsche und Russen erst wieder allmählich begonnen, sich bewusst zu machen, wie viel Gemeinsames sie in ihren Traditionen teilen, wie sehr sich ihr Geistesleben in einem intensiven Austausch miteinander entwickelt hat. Natürlich kommt mir dabei zuallererst die Affinität im Bereich der Musik in den Sinn. Die große weitgespannte epische Architektur der russischen Musik findet sich nur noch in der deutschen Musik wieder. So kann ich sie weder in der französischen, der englischen noch der amerikanischen erkennen.

Die Kompositionen von Tschaikowsky, von Prokowjew oder auch von Schostakowitsch sind in ihrer Komplexität nur noch der der großen Sinfonien deutscher Komponisten vergleichbar. Nehmen wir nur ein Stück Beethovens: seine Neunte Sinfonie! Per Aspera ad Astra – vom Dunkel zum Licht führt uns diese Sinfonie in eine Hoffnungs- oder Erlösungsgewissheit, die kaum mit der Musik eines

Debussy korrespondiert, sehr wohl jedoch mit Tschaikowskys Vierter oder Fünfter Sinfonie.

Spätestens seit dem 19. Jahrhundert, seit Puschkin, Tolstoi, Turgenew und Dostojewski ist auch die Geschichte der deutschen und russischen Literatur eine Geschichte der gegenseitigen Durchdringung und Bereicherung. Thomas Mann sprach von der »anbetungswürdigen russischen Literatur« und erkannte eine große Nähe zwischen »deutscher und russischer Menschlichkeit«.

Von dieser Nähe, von dieser gemeinsamen Kultur wollen wir heute nichts mehr wissen. Russland, so habe ich den Eindruck, scheint für viele in unserer Gesellschaft außerhalb des europäischen Kulturkreises zu stehen. Russland und der Westen werden immer mehr als Gegensätze, ja als Gegner gesehen, vor allem, weil sie unterschiedliche Auffassungen von Politik und Gesellschaft und deren Werten vertreten. Doch solange es Menschen gibt, wird es auch solche unterschiedlichen Auffassungen geben.

Helmut Schmidt hat oft darauf hingewiesen, dass es in den Ländern des Ostens wie China und Russland keine Phase der Aufklärung gegeben hat. Deshalb sei das Politikverständnis dort ein anderes. Toleranz ist eine der großen europäischen Werte. So haben wir keinen Grund, schulmeisterlich mit dem Finger auf diese Länder zu zeigen. Schon Gustav Heinemann hat gesagt, dass in der Hand mit dem ausgestreckten Zeigefinger drei andere Finger auf uns selbst zurückweisen. Wir sollten nicht vergessen, dass auch unsere Tradition ganz und gar nicht ohne Makel ist. In Deutschland ist aus einer parlamentarischen Demokratie eine totalitäre Diktatur hervorgegangen, die unvorstellbares Leid über viele Völker gebracht hat.

Die Welt ist unsicherer und schwieriger geworden, auch für uns in Europa. Die Auswirkungen von Armut, Flucht und Vertreibung in den Krisenregionen bekommen wir heute ebenso zu spüren wie die Folgen des Klimawandels. Auch der Terrorismus hat uns längst erreicht. All dies sind globale Herausforderungen, die niemand allein lösen kann. Eigentlich müsste jedem deutlich werden: Wir brauchen einen Dialog aller großen Akteure, mehr denn je. Ich spreche von China, Russland, Europa und natürlich auch den USA. Nur in der Gemeinsamkeit liegt unsere Kraft.

Von den Vereinigten Staaten unter Donald Trump ist eine solche multilaterale Initiative nicht zu erwarten, sein »America First« gibt eine ganz andere Richtung vor. Dem amerikanischen Präsidenten bedeuten internationale Allianzen, Regelsysteme und Verträge fast nichts. Das transatlantische Bündnis scheint ihm ebenso gleichgültig zu sein wie das Weltklimaabkommen, die Welthandelsordnung und das Atomabkommen mit dem Iran.

Viel ist davon die Rede, dass in dieser Situation Europa künftig international stärker gefordert sein wird. Wie aber kann eine neue europäische Rolle in der Welt aussehen? Es kann nur ein vereintes Europa sein, das sich für Ausgleich und Annäherung einsetzt. Und für mich ist ganz klar: Deutschland hat eine historische Verantwortung – es muss die Kraft sein, die auf diesem europäischen Weg vorangeht, um zu vermitteln und Brücken zu bauen.

Beginnen wir diesen Weg damit, auf Russland zuzugehen. Erinnern wir uns des großen Vertrauens, das uns Michail Gorbatschow und die russische Bevölkerung entgegenbrachten: Deutschland, unter dem die Menschen so gelitten haben, die Hand auszustrecken und mit der Wiedervereinigung zu beschenken! Und dabei enger an unserer Seite zu stehen als unsere Verbündeten, Frankreichs Präsident François Mitterand und Großbritanniens Premierministerin Margaret Thatcher.

Sind dies nicht alles Argumente, die uns intellektuell und moralisch zwingen sollten, einen Neubeginn der Beziehungen und eine freundschaftliche Zusammenarbeit mit Russland zu wagen?

Das Grundrezept der Neuen Ostpolitik, mit der Willy Brandt eine Besserung der Beziehungen mit Russland erreichte, lautete »Wandel durch Annäherung«. Heute ist das auf den Kopf gestellt. Wir wollen den Wandel erzwingen und schreiben Russland vor, zuerst seine Politik zu ändern und dann erst normale Beziehungen – nur wahrscheinlich ohne Sanktionen – wiederaufzunehmen. Was würde Brandt zu dieser Politik des »Wandels durch Sanktionen« sagen?

Wie auf einem Tablett tragen wir die Besetzung der Krim vor uns her, um zu fordern, dass das alte sowjetische Recht wiedereingesetzt werden muss. Dass wir uns nach Budapest, Prag und Afghanistan für sowjetisches Recht einsetzen, ist völlig abstrus. Chruschtschow hat keinen Menschen auf der Krim abstimmen lassen, geschweige denn gefragt. Selbstherrlich sowjetisch hat er entschieden!

Ich muss gar nicht daran erinnern, dass im Zusammenhang mit der Unabhängigkeit des Kosovo das Selbstbestimmungsrecht der Menschen höher als das Recht auf territoriale Integrität eines Staates gewertet wurde.

Dass Nikita Chruschtschow aus einer Wodkalaune heraus die Krim der Russischen Föderativen Sowjetrepublik wegnahm und der Ukrainischen zuschlug, war Ausdruck sowjetischen Rechts-, besser: Unrechtsbewusstseins. Dafür gab es keine geschichtliche, kulturelle oder landsmannschaftliche Rechtfertigung. Die Menschen auf der Krim fühlen sich Russland nun einmal kulturell viel näher als der Ukraine. Chruschtschows Entscheidung rückgängig zu machen und – anders als der Westen in Belgrad – ohne Bomben und große Waffengewalt den ursprünglichen Zustand wiederherzustellen, ist in meinen Augen eine Art Wiedergutmachung historischen Unrechts.

Mit seiner Forderung, sowjetisches Unrecht wiedereinzusetzen, macht der Westen einen Neubeginn im Verhältnis zu Russland unmöglich. Diese Forderung ist nicht überlegt. Seine starken Worte, seine Drohgebärden und Strafmaßnahmen sind Ausdruck von politischer Ohnmacht, denn sie ändern nichts. Willy Brandt würde es deshalb wohl, wie in seiner Nobelpreisrede von 1971, »das Spiel mit den Trümpfen, die keine sind«, nennen und daraus seinen Schluss ziehen: »Man muss die politischen Möglichkeiten neu durchdenken, wenn man für die Menschen etwas erreichen und den Frieden sicherer machen wil.l.

Möge diese Forderung Willy Brandts die Köpfe und Herzen der Menschen – auch unserer Politiker – erreichen!

Wandel durch Annäherung – Zur Aktualität der Rede Egon Bahrs vor 55 Jahren in Tutzing

Von Sigmar Gabriel

Vor fast genau 55 Jahren hielt der Sozialdemokrat Egon Bahr seine berühmte Rede zur Strategie einer deutsch-deutschen Annäherung in der evangelischen Akademie Tutzing. Es war nichts weniger als die öffentliche Ankündigung eines Strategiewechsels der westdeutschen Außen- und Sicherheitspolitik. Bahr, damals Pressesprecher des Regierenden Bürgermeisters von Berlin, Willy Brandt, bereitete mit dieser Rede die künftige Entspannungspolitik der Sozialdemokratie unter ihrem Vorsitzenden Willy Brandt vor, die spätestens ab 1969 zur offiziellen Regierungspolitik der damaligen sozialliberalen Koalition wurde. Bahr hatte dabei nichts Geringeres im Auge als die Überwindung der deutschen Teilung, weil er ahnte, dass sich die Welt in einer Phase des Übergangs befand. Zugleich wusste er, dass es sich um einen Prozess handelte, wie er formulierte, »von vielen Schritten und vielen Stationen«. Und gerade dieser Hinweis ist für unsere heutigen Konflikte mit Russland von so großer Bedeutung. Denn auch heute noch gilt Bahrs Diktum, dass »die Politik des Alles oder Nichts ausscheidet (…) und in einer Strategie des Friedens sinnlos ist«.

Die Tutzinger Rede kann uns rückblickend Mut machen, denn sie ist zu einem Zeitpunkt gehalten worden, an dem ihre Inhalte und Ziele unrealistisch und unpopulär waren und nicht frei von innenpolitischen Risiken. Am Ende war sie wegweisend und nahezu prophetisch. Denn auch Bahr war klar, dass nichts in einem einzigen Moment gelingen wird, »der durch einen historischen Beschluss, an einem historischen Tag auf einer historischen Konferenz ins Werk gesetzt wird«.

Alle Beteiligten waren sich bewusst: Die Schritte zur Entspannung des deutsch-deutschen Verhältnisses waren damals nicht gegen den

Willen der DDR-Führung und schon gar nicht gegen den Willen der Sowjetunion zu realisieren. Und Egon Bahr wusste, dass die Berliner Mauer, die gerade erst zwei Jahre zuvor errichtet worden war, und die in der Folge immer hermetischer geschlossene innerdeutsche Grenze ein untrügliches Indiz der Schwäche im Zeichen der Angst vor einem Regimesturz war. Ebenso klar war allerdings auch: Die Niederschlagung des ungarischen Volksaufstandes 1956 hatte gezeigt, dass diese kommunistischen Regime notfalls mit Waffengewalt jede Konterrevolution unterdrücken würden. Die gewaltsame Unterdrückung des »Prager Frühlings« durch Truppen des Warschauer Pakts zeigten 1968 noch einmal dramatisch, dass diese Einschätzung Egon Bahrs durchaus berechtigt war. Ein Regimewechsel durch die bislang vorherrschende Politik harter Konfrontation sei deshalb illusorisch. Daher müsse man Auflockerungen der Mauer und der Grenzen auf Wegen erreichen, die das Risiko eines Regimesturzes für die kommunistischen Diktaturen als »erträglich« erscheinen ließen. Nur dadurch – so Bahr – würden sich die Veränderungen schrittweise ergeben, die am Ende zugleich zur Überwindung der deutschen Teilung wie der SED-Diktatur beitragen würden. »Das«, so Egon Bahr 1963, »ist eine Politik, die man auf die Formel bringen könnte: Wandel durch Annäherung.«

Zentrale Voraussetzung für diesen Strategiewechsel war damals eine absolut eindeutige Verankerung der Bundesrepublik in westlichen Allianzen Europas und der NATO. Annäherung bezog sich immer auf das politische System Ostdeutschlands und Osteuropas. Es durfte und konnte nicht als Veränderung der politischen Verortung der Bundesrepublik als Teil des Westens missverstanden werden. Bahrs Tutzinger Rede und die Entspannungspolitik der SPD unter Willy Brandt befanden sich damals übrigens in absolutem Einklang mit der Politik der Vereinigten Staaten unter US-Präsident John F. Kennedy. Die deutsche Entspannungspolitik war gerade kein westdeutscher Alleingang. Auch dort hatte es mit der Rede Kennedys am 10. Juni 1963 zur »Strategy for Peace« einen Strategiewechsel gegeben, der bereits im Präsidentschaftswahlkampf 1960 deutlich wurde und seine Grundlagen in einer Studie des US-Senats zur

»United States Foreign Policy in the USSR and Eastern Europe« gefunden hatte. Die Blockkonfrontation, so die damalige Auffassung der USA, war gescheitert. Eine neue Strategie zur Aufrechterhaltung des Friedens sei erforderlich.

Wer heute Kennedys Rede nachliest, dem wird mit erschreckender Deutlichkeit klar, wie sehr wir heute wieder in die Zeit der gegenseitigen Konfrontation, der Drohgebärden und des militärischen Wettrüstens zurückgefallen sind und wie weit wir inzwischen wieder von einer großen Vision des Friedens und der Abrüstung entfernt sind. Selbst die nuklearen Abrüstungsverträge der 1980er- und 1990er-Jahre sind in Gefahr, über Bord geworfen zu werden. Europa ist erneut Schauplatz einer drohenden konventionellen und nuklearen Aufrüstung. In seiner Tutzinger Rede vor 55 Jahren nahm Bahr daher auf die wenige Wochen zuvor gehaltene Rede Kennedys ausdrücklich Bezug.

Die gegenwärtige geopolitische Lage erinnert teilweise durchaus an die von Anfang der 1960er-Jahre: Auch heute herrscht im Westen wieder die Überzeugung, dass harte Konfrontation, Sanktionen, die Drohung mit wirtschaftlichem Niedergang und eine massive militärische Aufrüstung selbst im Bereich atomarer Bewaffnungen die geeigneten Mittel seien, um den politischen Gegner Russland in die Schranken zu weisen und einen Wechsel der dortigen Innenpolitik herbeiführen zu können. Das findet auf der anderen Seite durchaus seine Entsprechung: Russland setzt ebenso auf militärische Aufrüstung, nationale Stärke und ist bereit, sogar mit Menschenschlächtern wie dem syrischen Diktator Assad gemeinsame Sache zu machen, um den Vormarsch des Westens zu stoppen und als Großmacht zurück auf die Weltbühne zu kehren. Mehr noch: Anders als die damalige Sowjetunion, die zur Entspannungspolitik mit dem Westen bereit war, weil dadurch der Status quo der nach 1945 gezogenen Grenzen und Einflussgebiete in Europa erhalten werden konnte, ist Russland heute eine revisionistische Macht.

Putin hat demonstriert, dass er sogar bereit ist, einmal vereinbarte Grenzen wieder zu verrücken. Die Annexion der Krim und die direkte und indirekte Unterstützung des Bürgerkrieges in der

Ukraine sind dafür harte Beweise. Für diese Rückkehr auf die Weltbühne ist Russland bereit, eine Art Großmachtsteuer zu zahlen – in Form von Sanktionen, internationaler Ächtung und erheblichen Ausgaben für Militär. Letzteres ist nicht ganz ungefährlich, denn Russland ist, wie es Helmut Schmidt einmal sehr überspitzt und sarkastisch formulierte, ein »Obervolta mit Atomwaffen«. Es deckt zwar nahezu ein Achtel der bewohnten Erdoberfläche ab, und die Rohstoffreserven gelten als die größten der Welt. Allerdings umfasst die wirtschaftliche Leistungsfähigkeit des Landes nur etwa 40 Prozent der deutschen. Ein militärischer Riese, aber ein wirtschaftlicher Zwerg. Schon die alte Sowjetunion musste die Erfahrung machen, dass irgendwann die Schwäche der Ökonomie auch den stärksten Militärapparat kollabieren und ein Gesellschaftssystem zusammenbrechen lässt.

Die inzwischen 55 Jahre zurückliegende Rede Egon Bahrs und der Blick auf die aktuelle Rolle Russlands können uns heute durchaus noch Fingerzeige geben. Es ist nämlich sehr wahrscheinlich, dass sich Russland ähnlich wie die damalige Sowjetunion nicht durch Druck und Konfrontation zu einer Änderung seiner Innen- und Außenpolitik wird bewegen lassen. Und ebenso wie die frühere Sowjetunion bedarf es einer selbstbewussten und geeinten Politik des Westens gegenüber Russland. Schwäche und innere Zerrissenheit wecken dort eher die Lust auf die verschiedenartigsten Interventionsversuche. Dabei war Bahr weder ängstlich noch naiv gegenüber den Aspirationen der kommunistischen Machthaber, sondern schlicht und ergreifend realistisch. Das sind auch heute noch gute Leitplanken für unseren Umgang mit Russland, auch wenn die historischen Umstände natürlich nicht einfach vergleichbar sind. Trump ist nicht Kennedy und Putin kein Status-quo-Politiker. Beides macht die Sache im Übrigen nicht gerade leichter.

Aber wenn es damals die Politik Egon Bahrs war, kleine Türen in den eisernen Vorhang zu bauen, um daraus irgendwann auch das große Brandenburger Tor aufstoßen zu können, dann ist es heute unsere Aufgabe, wieder mit dem Bau von schmalen Brücken anzufangen, den wir über den breiter gewordenen Graben zwischen

Europa und Russland in Angriff nehmen müssen. In der Hoffnung, dass daraus eines Tages große und breite Verbindungen werden. Wandel durch erneute Annäherung eben. Für eine solche Strategie gibt es ähnliche Voraussetzungen wie 1963: eine feste und unmissverständliche Verankerung Deutschlands in Europa und der NATO und keine deutschen Alleingänge in Europa im Verhältnis zu Russland. Zugleich aber die Suche nach Anknüpfungspunkten für Russland.

Rüstungskontrolle zum Beispiel wäre ein Instrument für schlechte Zeiten, wenn das gegenseitige Misstrauen so groß ist, dass jeder nur noch über Aufrüstung redet. In solchen Zeiten leben wir, und fast alle Instrumente der Rüstungskontrolle bleiben derzeit ungenutzt. Ein Waffenstillstand und ein Rückzug der schweren Waffen in der Ost-Ukraine, wie schon so oft von beiden Seiten verabredet, muss endlich durch ein robustes UN-Mandat durchgesetzt werden. Dass Russland für ein solches UN-Mandat andere Bedingungen durchsetzen will als Europa, darf uns nicht abschrecken, sondern endlich an den Verhandlungstisch darüber bringen. Im Anschluss an einen erfolgreichen Waffenstillstand muss dann der Abbau von Sanktionen gegenüber Russland beginnen. Allen Beteiligten sollte klar sein, dass es einfach im Bahr'schen Sinn völlig unrealistisch wäre, damit erst dann beginnen zu wollen, wenn das gesamte Minsker Abkommen über die Zukunft der Ost-Ukraine umgesetzt ist. Schon die Ukraine selbst ist dazu derzeit nicht in der Lage. Einen Wandel durch Annäherung wird es nur geben, wenn möglichst viele Russen in deutschen und europäischen Firmen Arbeit finden und damit den Unterschied kennenlernen zwischen russischen Oligarchen und Unternehmen, die sich der sozialen Marktwirtschaft verpflichtet fühlen. Dafür aber brauchen wir mehr und nicht weniger Investitionen in Russland. Und die Verdoppelung der deutschen Goethe-Institute und der deutschen Schulen in Russland wäre vermutlich die beste Investition, die wir für unsere Interessen in Russland vornehmen könnten.

Übrigens: Auch aus den Fehlern Egon Bahrs muss man lernen. Denn so grundlegend die Weitsicht Bahrs in der ersten Phase der Entspannungspolitik war, so problematisch war die Politik der SPD in der zweiten. Gar keine Frage: Ende der 1970er-Jahre und vor allem zu Beginn der 1980er-Jahre ignorierte die Sozialdemokratie die Bürgerrechtsbewegungen vor allem in Polen. In dieser zweiten Phase hatte sich die sozialdemokratische Entspannungspolitik praktisch nur noch auf die Machthaber im Ostblock eingerichtet. Die Bürgerrechtsbewegungen galten eher als Störenfriede und als Risikofaktor, die wie 1953, 1956 oder 1968 wieder zu einem militärischen Rückschlag führen und die erreichten Erfolge zunichte machen könnten. Eine fatale Fehleinschätzung, die uns heute im Umgang mit kritischen Bürgerbewegungen und Medien in Russland nicht noch einmal passieren darf. Ein unkritischer Umgang mit der russischen Innenpolitik ist jedenfalls keine angemessene Lehre aus diesen Fehlern. Und: Diese Fehler im Umgang mit Oppositions- und Menschenrechtsgruppen dürfen wir nicht noch einmal begehen. Natürlich ist ein solcher Prozess weder einfach noch trivial. Dabei wird es immer wieder Rückschläge geben. Darüber war sich Egon Bahr 1963 auch im Klaren. Deshalb folgte er der Strategie der kleinen, aber am Ende wirksamen Schritte. Dazu braucht es Mut, Weitsicht und Entschlossenheit. Es wird Zeit, dass wir mit diesen kleinen Schritten erneut beginnen.

Ein anderer Umgang mit Russland ist nötig

Von Peter Gauweiler

»Stabile Sicherheit [...] kann nur mit Russland und nicht gegen Russland geschaffen werden.« Das Zitat stammt von Egon Bahr, dem Architekten der deutschen Ostpolitik unter Willy Brandt, gesprochen bei seinem letzten öffentlichen Auftritt im Juli 2015 in Moskau. Gemeinsam mit dem früheren Präsidenten der Sowjetunion, Michail Gorbatschow, stellte Bahr ein Buch des CSU-Vordenkers und engen Vertrauten von Franz Josef Strauß, Wilfried Scharnagl, vor. Titel: *Am Abgrund. Streitschrift für einen anderen Umgang mit Russland.* Zwei erfahrene deutsche Politiker – einer links, einer rechts – gemeinsam auf einer Bühne in Moskau. Da erwartet man naturgemäß ein hart geführtes Streitgespräch. Doch es trug sich ganz anders zu, denn gemeinsam vertraten Scharnagl und Bahr den gleichen Ansatz: die Notwendigkeit eines anderen Umgangs mit Russland.

Wie konnte es zu dieser ungewöhnlichen Eintracht kommen? Zur Beantwortung dieser Frage lohnt ein Blick in die jüngere Vergangenheit und die Geschichte der deutsch-russischen Beziehungen nach dem Zweiten Weltkrieg.

Als engster Vertrauter von Willy Brandt gestaltete Egon Bahr seit den Sechzigerjahren maßgeblich die deutsche Ostpolitik, wenn auch häufig im Verborgenen. Immer wieder war er in geheimer Mission zwischen Ost und West unterwegs, sondierte, verhandelte und lotete Spielräume aus. Im Juli 1963 hielt Bahr in der Evangelischen Akademie Tutzing eine Rede, in der er die Vorstellungen von einer neuen Ostpolitik unter dem von ihm erfundenen Schlagwort »Wandel durch Annäherung« zum ersten Mal vor einem breiteren Publikum darlegte. Ziel seiner Politik war es, die

Mauer durchlässiger zu machen, den Menschen in der DDR das Leben zu erleichtern, Spannungen zwischen Ost und West ab- und Vertrauen aufzubauen.

In gleicher Mission war auch Franz Josef Strauß unterwegs, als er 1987 nach Moskau aufbrach, um dort Michail Gorbatschow zu treffen. Diese Geste in einer Zeit, als es mit den deutsch-russischen Beziehungen nicht zum Besten stand, war durchaus ungewöhnlich.

Zwei große politische Köpfe, Gorbatschow und Strauß, haben damals darüber geredet, was friedliche und gute Beziehungen zwischen Deutschland und Russland für die beiden Völker bedeuten und wie sehr die politische Zukunft davon abhängt. Wilfried Scharnagl erinnert sich in seinem Buch, dass Strauß damals in seiner bilderreichen Sprache davon sprach, dass eines Tages der bayerische Löwe und der russische Bär friedlich zusammen auf einer Wiese äsen würden.

Michail Gorbatschow beschreibt es in seinem Vorwort zu Scharnagls Buch so:»Obwohl [...] politisch rechts stehend, demonstrierte er [Strauß] in Moskau eine pragmatische Herangehensweise an die Politik, ein Verständnis für russische Begebenheiten, eine Bereitschaft zur gleichberechtigten Zusammenarbeit. Er warnte deutsche, amerikanische und europäische Politiker davor, die Geschehnisse in der Sowjetunion nach westlichen Standards zu messen.«[1]

Man sieht: Die Politik des Sozialdemokraten Bahr und des CSU-Politikers Strauß widersprach sich nicht, sondern ergänzte sich in bester Art und Weise. Die Ostpolitik Egon Bahrs fand große Übereinstimmung im Brückenbau durch Strauß.

Wenige Jahre nach dem Besuch Strauß' in Russland, nach dem Zusammenbruch der Sowjetunion, gab es eine Chance, eine friedliche, großartige Ordnung zusammen mit Russland zu bauen. Es lag Hoffnung in der Luft – Hoffnung auf andere deutsch-russische und europäisch-russische Beziehungen.

Doch der Westen ließ diese Gelegenheit ungenutzt verstreichen. Die NATO machte weiter, als wäre der Warschauer Pakt nicht verschwunden. Anstatt Russland immer mehr in die Staatengemeinschaft einzubinden, wurde es in die politische Isolation getrieben. Hier wurde unsere Jacke im Verhältnis zu Russland falsch geknöpft. Russland wurde behandelt wie ein Besiegter. Die noch in der Sowjetunion groß gewordenen politischen Eliten Russlands sehen sich seit dem Zusammenbruch der Sowjetunion im Büßerhemd des Verlierers, wobei viele im Westen ein Interesse daran haben, dass es so bleibt. Jedenfalls tritt der Westen gegenüber dem amtlichen Moskau mit ungebrochener moralischer Arroganz auf. Gerade Deutschland sollte Verständnis dafür haben, dass auch ein Besiegter irgendwann eine Behandlung als Gleichberechtigter beansprucht und die Berücksichtigung seiner Interessen einfordert.

Der Westen will Russland ein Lehrmeister sein mit seinem Verständnis von Politik, Demokratie und Moral. Man erinnere sich an die Mahnung von Franz Josef Strauß. Dieser warnte deutsche, amerikanische und europäische Politiker davor, die Geschehnisse in der Sowjetunion nach westlichen Standards zu messen. Scharnagl bezieht diese Warnung in seinem Buch auf die heutige Situation und schreibt: »Diese Mahnung hat in ihrem Kern bis heute, mehr als ein Vierteljahrhundert später, nichts von ihrer Gültigkeit verloren. Den letzten Maßstab westlichen Politik- und Demokratieverständnisses an Moskau anlegen zu wollen, würde angesichts der Gebirge an Problemen, vor denen die russische Politik in der Nach-Sowjetunion-Zeit steht, zu falschen Schlussfolgerungen, zu falschen Forderungen und zu falschem Handeln führen.«[2]

Die Schlussfolgerungen, die aufgrund der jüngsten Auseinandersetzungen um die Ukraine gezogen wurden, heißen Sanktionen.

Nun gilt es zunächst bei der Betrachtung des Konflikts zwischen der Ukraine und Russland, das historische Verhältnis beider Länder in den Blick zu nehmen. Aufgrund der vielfältigen kulturellen Prägungen forderte bereits der russische Schriftsteller Alexander Solschenizyn in seinem Schriftwechsel mit Boris Jelzin aus dem Jahr 1991: »Ein jedes Gebiet solle selbst bestimmen, wo es hingehören will.«[3] Diesen Rat nicht zu befolgen und stattdessen auf einen ukrainischen Mega-Staat zu setzen, war falsch. Ein einheitliches ukrainisches Staatsvolk gibt es nur in der Fantasie des amtlichen Brüssels.

Trotzdem sind sich die Europäische Union und die USA darin seltsam einig, dass der Ukraine-Konflikt und dessen blutige Eskalation auf das Konto von Wladimir Putin gehen. Die politische Wirklichkeit hat mit dieser Sicht der Dinge jedoch wenig zu tun. Wie Wilfried Scharnagl es ausdrückt, ist es »nicht einmal die halbe Wahrheit«.

Was heißt das nun für das deutsche Handeln in diesem Konflikt? Die Politik der Sanktionen gegenüber Russland war und ist falsch. Anstatt die ungute Konfrontation auf die Spitze zu treiben – und Sanktionen sind Eskalationen –, gilt es heute, innezuhalten und auf Verständigung und Kooperation zu setzen. Wir brauchen eine Partnerschaft auf Augenhöhe mit Russland. Das setzt ein Begreifen oder zumindest eine genaue Analyse der russischen Seite voraus.

Was bleibt, ist die Hoffnung, dass die neue Bundesregierung eine andere Russlandpolitik beschließt. Irgendwann werden auch die Volksparteien in ihrer Gesamtheit wiederentdecken, dass Russland und seine Menschen zu Europa gehören. Die Idee des Europas vom Atlantik bis zum Ural, wie sie der französische Staatsmann und große Europäer Charles de Gaulle formuliert hat, endlich zu verwirklichen, bleibt eine Zukunftsaufgabe.

Auch Egon Bahr appellierte bei seinem letzten öffentlichen Auftritt an die deutsche Politik: »2015 ist Deutschland der politisch und wirtschaftlich stärkste Faktor in Europa geworden. […] Wir könnten also wie zu Beginn der Entspannungspolitik sondieren und beginnen, einseitig Sanktionen gegen Russland abzubauen. […] Ja, das sind Vorleistungen. Sie erinnern an das Wort von Brandt: ›Manchmal muss man sein Herz am Anfang über die Hürde werfen.‹ Das war damals schwerer als heute.«

Diese Politik erfordert Mut und ein Maß an Eigenständigkeit. Doch sie ist im Grund alternativlos. Denn, und so schließt sich der Kreis: »Stabile Sicherheit […] kann nur mit Russland und nicht gegen Russland geschaffen werden.«

Wider die »galoppierende Entfremdung«

Von Richard Kiessler

Es sei schon immer einfacher gewesen, »an Instinkt als an den Verstand zu appellieren«, hat Egon Bahr einmal bemerkt. Auf diesem simplen Irrweg hat sich der sozialdemokratische Außenminister Heiko Maas verlaufen, als er zu Beginn seiner Amtszeit sein Profil an einem Thema zu schärfen suchte, das ihn von seinem Amtsvorgänger Sigmar Gabriel absetzen sollte. Russland, stellte der außenpolitische Novize fest, agiere »zunehmend feindselig«, der Westen möge »seinen Druck auf Russland« erhöhen, viele hätten von Russlands Politik »die Nase voll.« Klar, dass Maas nichts von einem schrittweisen Abbau der ausweglosen Sanktionen gegen Russland hält, den Gabriel noch befürwortet hatte.

Mit seinem instinktiven Verdikt zog sich der Saarländer nicht nur sanft naserümpfende Reaktionen im Kanzleramt zu, er verärgerte und irritierte vor allem weite Teile der SPD. Der in der Außenpolitik nicht trittsichere Maas kratzte mit seiner wenig sensiblen Kurskorrektur am Markenkern sozialdemokratischer Friedenspolitik – und dies ausgerechnet zu einem Zeitpunkt, da sich der Konflikt zwischen Russland und dem Westen so gefährlich zuspitzte wie seit dem Ende des Kalten Krieges nicht mehr. Den Maas-Kritikern geht es indessen nicht um Nachsicht, denn »niemand ist naiv, und niemand schätzt Putin falsch ein«, stellte die stellvertretende Parteivorsitzende Manuela Schwesig klar. Aber Maas' Rhetorik lässt Grundüberzeugungen der SPD im Verhältnis zu Russland außer Acht, die aus der Ostpolitik Willy Brandts und Egon Bahrs rühren. Als Schwesig jedoch Maas aufforderte, seine schrille Tonlage zu ändern, weigerte sich dieser mit dem Hinweis, »der Olaf« habe den Kurs so vorgegeben. In der Tat hatte Maas den neuen Umgang mit Moskau mit Vizekanzler Scholz abgestimmt. Doch weil der Unmut in der Parteiführung offenkundig anschwoll und ein Aufschrei der Basis befürchtet wurde, bekundete Maas etwas kleinlaut seine Bereitschaft, den »Dialog« mit Russland fortsetzen zu wollen.

Der Außenminister und sein Einflüsterer Scholz haben nicht nur die Stimmung in der SPD falsch eingeschätzt, auch die Mehrheit der Deutschen folgt ihrem Verstand und hält eine konfrontative Politik gegenüber Russland für falsch. Für 94 Prozent der Deutschen sind gute Beziehungen zu Russland wichtig, ermittelte Forsa, 68 Prozent halten eine härtere Gangart für falsch, unter den Mitgliedern der SPD sind es gar 81 Prozent. Zum ersten Mal in der Geschichte der Bundesrepublik sieht sich eine knappe Mehrheit der Deutschen von Trumps Amerika mehr bedroht als von Putins Russland. Damit steht die öffentliche Meinung in Deutschland in einem eklatanten Gegensatz zur *veröffentlichten Meinung*. Eine Mehrheit der Medien, darunter etliche Leitmedien, frönt seit dem hybriden Krieg in der Ostukraine und dem völkerrechtswidrigen Anschluss der Krim an Russland einem hochtrabenden und unreflektierten *Russland-Bashing*.

Es mag sein, dass die traditionell emotionalen Empfindungen zwischen Deutschen und Russen selbst in politisch aufgeladenen Zeiten unterschätzt und die Sehnsucht vieler Sozialdemokraten nach einer Wiederbelebung der Ostpolitik für naiv gehalten werden. »So absurd es scheint«, beobachtet der *Spiegel*, »der Weltkrieg hat Deutsche und Russen nicht entfremdet, sondern verbunden, bis tief in die Familiengeschichten hinein.« Sicher und zugleich besorgniserregend ist deshalb, dass die nach der deutschen Einheit überwunden geglaubte Distanz wächst, weil den Westen ein tiefgehender Streit spaltet: Wollen wir weiter auf das Ziel einer Europäischen Friedensordnung unter Einschluss Russlands und eines Kooperationsraumes zwischen Vancouver und Wladiwostok hinarbeiten? Oder passen wir uns den geopolitischen Zielen der USA an, als einzige Supermacht gelten zu wollen und Russland auszugrenzen? Seit der Annexion der Krim klafft dieser Riss, erklärt ein Teil der westlichen *Politik* die alte Ordnung für obsolet. Hier spiegelt sich die traditionelle Abneigung jener in der amerikanischen und europäischen *Security Community* wider, die nie wirklich gemeinsam mit Russland im Europäischen Haus unter einem Dach wohnen wollten.

»Mit großer Sorge beobachten wir den sich zuspitzenden Konflikt zwischen Russland und dem Westen«, klagten am 12. April 2018 so unterschiedliche politische Ex-Akteure wie Edmund Stoiber (CSU), Horst Teltschik (CDU), Günter Verheugen (SPD), Antje Vollmer (Grüne) und Helmut Schäfer (FDP) in einem gemeinsamen Beitrag für die *Süddeutsche Zeitung*: »Gegenseitige Sanktionen, die Schließung von Einrichtungen und Dialogforen, die einmal der Verständigung und Kooperation dienten, folgen in immer schnellerem Rhythmus. Wir haben es inzwischen mit einer beunruhigenden Entfremdung zu tun. Das gegenseitige Verhältnis ist bestimmt von gegenseitigen Schuldzuweisungen, Verdächtigungen und militärischen Drohgebärden.«

Nicht allein die chaotische und widersprüchliche Politik des US-Präsidenten Donald Trump hat die Kluft zwischen Russland und dem Westen größer werden lassen. Russlands Rückkehr auf die Weltbühne gilt manchen im Westen als eine Bedrohung für den Weltfrieden, als eine Gefährdung des Zusammenhalts der ohnehin geschwächten Europäischen Union, als ein Angriff auf die Souveränität der osteuropäischen Staaten. Tiefes Misstrauen und schroffes Unverständnis haben sich auf beiden Seiten breitgemacht. Während Bundespräsident Frank Walter Steinmeier vor einer »galoppierenden Entfremdung« zwischen Russland und dem Westen warnt, hält Sergej Netschajew, Moskaus Botschafter in Berlin, die Beziehungen zum einstigen Blockgegner für »schlimmer als im Kalten Krieg«.

Tatsächlich schienen die USA und Russland im April 2018 an den Rand einer militärischen Konfrontation wegen der Angriffe der Amerikaner, Briten und Franzosen gegen in Syrien vermutete Depots chemischer Massenvernichtungswaffen geraten zu sein. Anlass für die Alarmstimmung, die manchen an die Kuba-Krise von 1962 erinnerte, war die Drohung Trumps, amerikanische Raketen könnten auch russische Ziele treffen. Die Reaktion Moskaus fiel vergleichsweise moderat aus, weil der russische Präsident einen kühlen Kopf behielt und Trumps disruptive Twitter-Botschaft im Dschungel der amerikanischen Innenpolitik verortete. Dass ein gefährlicher Showdown ausblieb, weil sich die beiden Atommächte wohl kalkuliert auf dem nahöstlichen Kriegsschauplatz nicht in die Quere kamen, ändert nichts an der Unversöhnlichkeit westlicher Russland-Kritiker und der offenbar derzeit aussichtslosen Fähigkeit der politisch Handelnden beider Seiten, eine strategische Debatte über die Zukunft ihrer Beziehungen zu führen.

Die Widersprüche sind offenkundig: Da preist Trump seinen Gesprächspartner Wladimir Putin nach dem Überraschungstreff in Helsinki im Juli 2018 als »großartig«; gleichzeitig verhängt der irrlichternde US-Präsident auf Druck des Kongresses neue Sanktionen gegen Russland, weil die »Russiagate«-Affäre um die angebliche russische Einflussnahme auf die amerikanischen Wahlen Washingtons politische Kaste weiter in Atem hält. Kein Zweifel, insbesondere die ultrarechten *Neokons* betreiben die »Eindämmung« Russlands und ersehnen letztlich einen Regimewechsel in Moskau. Der außen- und sicherheitspolitisch unkundige Trump mag dieser Ausgrenzungsstrategie nicht folgen, weil er auf »Deals« mit Putin setzt. Das findet offenkundig in der amerikanischen Öffentlichkeit Anklang: 40 Prozent der republikanischen Wähler halten laut einer Gallup-Umfrage Russland für ein verbündetes und den USA wohlgesonnenes Land …

In unserer von wachsenden Ungewissheiten und Unvorhersehbarkeiten geprägten Weltordnung ist die anhaltende Eskalationslogik, sind die Maßnahmen und Gegenmaßnahmen in den Handelsbeziehungen eine Gefahr für den Frieden. Zudem wird im Westen eine neue Aufrüstungsoffensive mit einer wachsenden russischen Bedrohung gerechtfertigt. Man kann natürlich Putins Rede zur Lage der Nation im März 2018 mit den darin präsentierten denkbaren nuklearen Aufrüstungsprojekten als eine Machtdemonstration verstehen. Sie könnte aber auch ein Signal sein, dass sich das Land in der Lage fühlt, eine als zunehmende Bedrohung wahrgenommene US-Politik durch den massiven Ausbau seiner militärischen Investitionen zu beantworten, sollte es nicht zu erneuten Rüstungskontroll-

und Abrüstungsverhandlungen kommen. Umso vordringlicher ist es, die Sprachlosigkeit und die Dialogunfähigkeit zu überwinden und mit Russland ohne Vorbedingungen und Drohungen über alle Konflikte und Streitpunkte zu reden. Statt *großer Worte* bieten sich im Sinne Willy Brandts *kleine Schritte* an: beim Bemühen um einen von UN-Blauhelmen überwachten Waffenstillstand in der Ostukraine, dem überfälligen Rückzug der schweren Waffen und einem Neueinstieg in die konventionelle Rüstungskontrolle. Hier sollten Deutschland und die Europäische Union durchaus die Initiative ergreifen.

Nicht nur die Erinnerung an die Verheerungen und Opfer zweier Weltkriege lässt eine Rückbesinnung auf die deutsche Ostpolitik geboten erscheinen. Willy Brandt und Egon Bahr suchten seinerzeit einen *Wandel durch Annäherung* und nicht umgekehrt eine Annäherung durch Wandel. Sie postulierten nicht: Ändert euch, dann können wir uns annähern. Sie handelten unter den Bedingungen der deutschen Teilung im nationalen Interesse. Zu Recht hat Bahr stets darauf bestanden, den Faden nach Moskau nicht abreißen zu lassen. Und er hat dabei auf zwei »Grundfaktoren« für die deutsche Außenpolitik verwiesen: dass die USA »unentbehrlich« sind und Russland »unverrückbar.« Russland bleibt für die Stabilität in Europa ebenso unersetzbar wie Amerika. Schon deshalb muss Deutschland *Sicherheit mit Russland* suchen und nicht *eine Sicherheit vor Russland*, wie sie derzeit einseitig von manchen Staaten der westlichen Militärallianz propagiert wird.

Der Realpolitiker Egon Bahr hat es stets für eine Illusion gehalten, in Russland auf eine demokratische Entwicklung westlichen Zuschnitts zu setzen: Das Land werde sich »nach seinen Traditionen entwickeln«, und »die Demokratie gehört nicht dazu«. Deshalb kommt es schon einem moralischen Imperialismus gleich, bessere Beziehungen zu Russland auf die Forderung nach einer demokratischen Entwicklung zu verengen. In der Tat gilt dort ein »postwestliches Zeitalter« als erstrebenswert, zumal der Westen etliche Kooperationsangebote aus Moskau unbeantwortet ließ. Lange mag sich Russland für zu stark gehalten haben, um sich im Westen zu integrieren und Mitglied der NATO zu werden. Dem Westen hingegen war Russland als eine »regionale Macht« (Barack Obama) nicht wichtig genug. Mit seiner Rückkehr auf die Weltbühne fordert Russland die Augenhöhe mit den USA ein. Es wird sich nicht an westlichen Vorgaben orientieren, sondern seine Interessen und seine Politik selbst bestimmen.

Im Gegensatz zu den geopolitischen Zielen der USA liegt es nicht im deutschen Interesse, Vorteile aus einer anhaltenden Schwächung Russlands zu ziehen. Die Fake News, die Trump über die angebliche Abhängigkeit Deutschland von russischen Erdgaslieferungen twittert, sollen den bereits begonnenen Bau der »Nord Stream 2«-Pipeline (NS-2) stoppen. In Wahrheit ist Trumps verstellte Sicht (»Schrecklich, was die Deutschen da machen«) weniger politischen als handfesten wirtschaftlichen Motiven geschuldet: Die USA wollen ihr im umstrittenen Fracking-Verfahren erschlossenes (teureres) Schiefergas in Europa verkaufen. Um den Druck zu verstärken, bedroht der US-Senat mit dem »*Countering America's Adversaries Through Sanctions Act*« beteiligten Unternehmen mit Sanktionen. Hinter dem Entschluss, Russland auszugrenzen und vom europäischen Gasmarkt zu vertreiben, steckt ein konfrontativer Kurs des neokonservativen Establishments in Washington, Russland auszugrenzen und allzu enge deutsch-russische Beziehungen zu unterbinden.

Die Regierung in Berlin hat zu Recht der wirtschaftlichen Bedeutung des Pipeline-Projektes Vorrang eingeräumt und sich der völkerrechtswidrigen Anwendung extraterritorialen amerikanischen Rechts widersetzt. Sie handelt damit im nationalen Interesse. Wir können uns weder unsere Energieversorgung noch unsere Handelsbeziehungen vorschreiben lassen. Die Europäische Union wird Lösungen finden müssen, um europäische Unternehmen wirksam vor amerikanischen Eingriffen in die Souveränitätsrechte ihrer Mitgliedsstaaten zu schützen.

Ebenso illusionslos, wie wir mit den Verwerfungen der amerikanischen Politik unter Trump umzugehen lernen, müssen wir versuchen, das derzeit schwierige Verhältnis zu Russland zu überwinden.

Egon Bahrs Formel vom *Wandel durch Annäherung* bedeutete nie, mit den Mächtigen im seinerzeit »real existierenden Sozialismus« zu kungeln, geschweige denn sich ihnen anzubiedern. Im Verhältnis zu Russland baute Bahr auf den Grundgedanken des Harmel-Berichtes auf, der vor 50 Jahren eine Doppelstrategie mit ausreichender militärischer *Sicherheit*, aber gleichzeitiger Bereitschaft zur politischen *Entspannung* einforderte. An diesen umfassenden Ansatz gilt es anzuknüpfen, weil wir den Frieden erhalten müssen.

»Warum wir Frieden und Freundschaft mit Russland brauchen«

Von Gabriele Krone-Schmalz

… weil *Frieden* die Basis für alles Leben ist und weil es ohne oder gar gegen Russland keine verlässlichen Sicherheitsstrukturen geben wird und – *Freundschaft* heißt Vertrauen. Das Zusammenleben wird dadurch nicht nur leichter, sondern auch angenehmer. Eigentlich ganz einfach und logisch. Warum funktioniert es nicht? Im Nachgang der Ostpolitik von Willy Brandt und Egon Bahr sah es doch so aus, als seien wir auf dem richtigen Weg. Der Fall der Mauer, die Auflösung der Sowjetunion, das Ende des Kalten Krieges – die Welt schien, für einen Wimpernschlag der Geschichte, paradiesischen Zeiten entgegenzugehen.

Ich kann mich gut an meine Empörung über die folgenden Sätze erinnern: »Für Freudentaumel besteht kein Anlass. Wir werden den Zeiten der Ost-West-Konfrontation noch nachtrauern. Regionalkonflikte werden die Zukunft beherrschen, und die Welt wird nicht friedlicher werden, ganz im Gegenteil.« So hatte sich ein bekannter Politiker zu fortgeschrittener Stunde vertraulich im kleinen Kreis geäußert. Ich konnte und wollte mir dieses Szenario nicht vorstellen und vertraute darauf, dass die politischen Akteure auf allen Seiten den Wert dieser Chance erkannten und in diesem Sinne handelten. Ich vertraute auch darauf, dass sich die Menschen diese Errungenschaften nicht mehr nehmen und sich nie wieder gegeneinander aufhetzen lassen würden. Aus heutiger Sicht betrachtet – wie naiv.

An allen Ecken und Enden brennt es: Syrien, Irak, Afghanistan, der Nahost-Konflikt, um nur einige Brandherde zu nennen. Terrorismus bestimmt auf zweifache Weise die Ausrichtung von Politik: im tatsächlichen Abwehrkampf und als willkommener Vorwand für politische Entscheidungen, die sich unter »normalen« Bedingungen kaum durchsetzen ließen. Die Weltwirtschaftsordnung verdient die Bezeichnung »Ordnung« nicht mehr. Zockerei und eine Mischung aus Perversion und Zynismus heben alles aus den Angeln. Börsen, die wie Kartenhäuser sind, und beim leichtesten Windzug zusammenstürzen, haben reale Wertschöpfung und Fakten abgelöst. Psychologie, zweifelhafte Rankings und Stimmungsmache entscheiden über die Existenz oder den Bankrott von Menschen, Firmen und zuweilen sogar von Staaten.

Wäre es nicht intelligent, ein Land wie Russland mit seinen Erfahrungen und seiner Geschichte an den Überlegungen zu beteiligen, wie man diesen Fehlentwicklungen begegnen kann? Was wäre denn, wenn man gemeinsam nach Antworten auf Fragen suchen würde, die Deutsche, Russen und viele andere gleichermaßen beschäftigen? Die humane und zivilisierte Bewältigung des demografischen Wandels gehört auch dazu. Ein Problem, das durchaus das Potenzial hat, den Frieden zu gefährden, nicht nur den sozialen.

Es hat einen gewissen Sinn, sich auf Fehlersuche zu begeben. Wer hat zu welchem Zeitpunkt die falschen Weichen gestellt? Der Sinn besteht darin, die gleichen Fehler nicht noch einmal zu machen. Aber ich denke, wir haben keine Zeit, uns allein mit der Vergangenheit zu beschäftigen und nach Schuldigen zu fahnden. Das vorherrschende Bild vom alleinigen »Bösewicht« Russland ist jedenfalls zu einfach. Doch was nützt es, bloß akribisch aufzulisten, wer wann worauf reagiert und damit seinen Teil zur Eskalation beigetragen hat? Jetzt geht es vor allem darum, aus der Sackgasse, in der die Welt – warum auch immer – gelandet ist, möglichst schnell und heil herauszufinden. Und das geht nur zusammen mit Russland, dem größten Land der Erde, das sich über elf Zeitzonen erstreckt.

Dreh- und Angelpunkt von Politik sind Interessen. Im Laufe meiner beruflichen Tätigkeit habe ich eine gewisse Skepsis entwickelt, wenn als Triebfeder für weitreichende politische Entscheidungen die ganze Bandbreite humanitärer Beweggründe aufgezählt wird – Menschenrechte, Demokratie und Freiheit –, ohne den Begriff »geopolitische Interessen« auch nur ein einziges Mal zu erwähnen. Dadurch entsteht eine Schieflage mit katastrophalen Folgen. Die Welt wird unterteilt in Gut und Böse: Unsere Interessen sind legitim, die der anderen nicht. Hoch komplizierte, chaotische Situationen wie beispielsweise in Syrien werden auf diese Weise nicht begriffen, der Konflikt kann also auch nicht nachhaltig gelöst werden.

Manchmal hilft ein Perspektivwechsel, um zu verstehen – im Sinne von begreifen –, was die andere Seite antreibt. Im Erfahrungshintergrund russischer Menschen hat Stabilität eine besondere Bedeutung. Menschen im Westen rümpfen darüber oftmals die Nase, denn Stabilität ist für sie etwas Selbstverständliches. Die instabilen, chaotischen, geradezu lebensbedrohlichen Zustände unter Jelzin können sie sich kaum vorstellen. Wenn Russen in ihrer Mehrheit Stabilität und auskömmliches Leben zunächst einmal für wichtiger halten als zügige Demokratisierung, dann sollten Menschen in komfortabler ausgestatteten Gesellschaften das meiner Meinung nach respektieren. Russische Erfahrungen mit dem Fehlen von Stabilität und Staatlichkeit bilden zum Beispiel den Hintergrund zu geopolitischen Einschätzungen, die sich vom Westen unterscheiden. Mit der Ablösung von Bashar al-Assad die Stabilität und Staatlichkeit Syriens zu riskieren, entspricht jedenfalls nicht russischer Politik. Nach den Erfahrungen in Libyen verdiente dieser Gedanke jenseits von unbestreitbar vorhandenen geostrategischen Interessen Russlands mehr Beachtung.

Für mich gehört zur Friedensarbeit auch, sich selbst nicht als Nabel der Welt zu begreifen und zum Maßstab aller Dinge zu machen. Theoretisch werden das viele unterschreiben, denke ich. Die praktische Umsetzung ist da schon schwieriger. Konkret. Ich möchte auf keinen Fall darauf verzichten, in einer demokratisch verfassten Gesellschaft zu leben, und ich versuche meinen Teil dazu beizutragen, diese Gesellschaft zu erhalten. Aber es hilft nichts, mit Blick auf Russland ständig mit dem Begriff Demokratie herumzuwedeln und so zu tun, als könne der im luftleeren Raum irgendeine Kraft entfalten. Dazu braucht man Strukturen, die man aufbauen und gestalten muss, vielleicht auch testen, bevor man sie nutzen kann. Mittel und Wege, um ein Ziel zu erreichen – eine lebenswerte Gesellschaft in Frieden –, müssen den örtlichen Gegebenheiten angepasst sein, und die sind nun einmal in Deutschland andere als in Russland. Das hat sehr wenig mit Ideologie zu tun, aber eine Menge mit praktischer Politik, auch und gerade mit Friedenspolitik. Es ist die Frage, welche Variante Menschenrechten und humanitären Zielen dienlicher ist.

Die »Kriegsgeneration« stirbt langsam aus, und ich habe den Eindruck, das Bewusstsein der Zerbrechlichkeit von Frieden auch. Wie sonst lässt sich die unbedarfte Eskalation in Politik und Medien erklären? Deeskalieren, vermitteln, sich in die Lage anderer versetzen – das hat nichts mit Schwäche zu tun, sondern mit politischer Weitsicht, mit menschlicher Größe und mit den christlichen Werten, die so viele im Munde führen.

Frieden in Europa ist es wert, sich der Mühe des Ausgleichs zu unterziehen

Von Wolfgang Kubicki

Über kaum ein anderes Thema wird in der Bundesrepublik regelmäßig so leidenschaftlich, aber gleichzeitig auch so unsachlich und erbittert gestritten. Das Zeitalter der Aufklärung hat uns dankenswerterweise das Streben nach Wahrheit, die Berufung auf die Vernunft und die Grundidee der Pluralität gebracht. Wenn aber über Russland gesprochen wird, scheinen alle Differenziertheiten und Grautöne wegzufallen. Dann gilt: für oder gegen, schwarz gegen weiß. »Haltung« wird in dieser Frage zu einer unverzichtbaren politischen Kategorie.

Allein die neudeutsche Wortschöpfung »Putin-Versteher«, die selbstverständlich rein negativ zu lesen ist, zeigt uns, dass »Verstehen« oder »Verständnis« in diesem Zusammenhang als überhaupt nicht mehr angebracht definiert wird. Mit dem Versuch, sich gedanklich in die Motive, Sorgen und Ängste des anderen hineinzuversetzen, macht man sich automatisch verdächtig, die fünfte Kolonne Moskaus zu sein. Schon dieses kleine Beispiel legt die rhetorische und gedankliche Härte einer Debatte offen, die auch eine Generation nach dem Ende des Kalten Krieges nahezu unberührt fortgeführt wird.

Man könnte auch sagen, wir waren schon einmal deutlich weiter. Hätten Willy Brandt, Walter Scheel, Hans-Dietrich Genscher oder Egon Bahr nicht versucht, sich gedanklich in die Lage Breschnews oder Gromykos zu versetzen, wäre der »Wandel durch Annäherung« definitiv ausgefallen.

Vielfach wird von Prinzipienfestigkeit gesprochen, wenn es darum geht, den zweifellos stattfindenden Verfehlungen, Grobheiten und Rechtsbrüchen Russlands zu begegnen. Ein glasklares Eintreten für Menschenrechte, für das Völkerrecht und die Freiheit sind nun einmal Postulate, auf denen wir unsere westliche Welt ideengeschichtlich gegründet haben und die deshalb im westlichen Welt- und Selbstbild genetisch verankert sind. Etwas glaubwürdiger und weniger selbstbezogen wäre diese Forderung jedoch, wenn eigene Verfehlungen, Grobheiten und Rechtsbrüche nicht unter Hinweis auf die eigene moralische Höherstellung unter den Teppich gekehrt werden würden. Oder – wenn man schon Konsequenz predigt – diese Konsequenz international nicht nur gegenüber einem Land (Russland), sondern gegenüber der Tat (hier etwa: völkerrechtswidrige Annexion) einfordert. Die Beispiele unserer Verhandlungs- oder Geschäftspartner China (Tibet) und die Türkei (Zypern) zeigen, dass die populäre Forderung nach Konsequenz bei uns nicht konsequent durchgehalten wird.

Es ist richtig und notwendig, das völkerrechtswidrige Verhalten Moskaus auf der Krim und der Ostukraine vor den Augen und Ohren der Weltöffentlichkeit zu kritisieren und angemessen zu sanktionieren. Gleichzeitig müssen wir uns aber selbst auch an die Regeln halten, die wir Moskau einzuhalten auffordern. Das ist der Kern von Prinzipienfestigkeit.

Der Wissenschaftliche Dienst des Bundestages – der weit davon entfernt ist, das Sprachrohr der Putin-Versteher zu sein – machte in einem Gutachten im Frühjahr 2018 auf diesen Umstand aufmerksam. Zur Frage *Völkerrechtliche Implikationen des amerikanisch-britisch-französischen Militärschlags vom 14. April 2018 gegen Chemiewaffeneinrichtungen in Syrien* benannte er die westliche Reaktion auf den vorangegangenen Giftgaseinsatz im syrischen Douma als eindeutig völkerrechtswidrig. Die Bundesregierung hieß die Einsätze jedoch gut; sie seien »erforderlich und angemessen« gewesen.

Vor diesem Hintergrund klang im Fazit des Gutachtens dann auch offen durch, wie doppelgesichtig – um nicht zu sagen: selbstgerecht – diese Argumentation wirken kann. Die entsprechenden völkerrechtlichen Kommentare zusammenfassend, schrieb der Wissenschaftliche Dienst also: »Politische und rechtliche Glaubwürdigkeit hingen überdies davon ab, dass bei der völkerrechtlichen Beurteilung von Militäroperationen (Beispiele: Russische Krim-Annexion von 2014, NATO-Operation im Kosovo 1999, Militärschläge von NATO-Bündnispartnern gegen Syrien 2018) nicht mit zweierlei Maß gemessen werde.«[1] Dass sich manch einer bei uns im Westen als moralisch höherwertig fühlt, wenn er Völkerrecht bricht, ändert nichts an dem Umstand, dass er das Völkerrecht bricht.

Auch die Frage, welche Rolle die NATO spielen könnte, um das Verhältnis zum Kreml zu entspannen, sollten wir uns trauen, differenzierter und reflektierter zu diskutieren. Kurz nach dem Ausbruch der Ukraine-Krise sah der langjährige Staatssekretär des Auswärtigen Amts und Vorsitzende der Münchener Sicherheitskonferenz, Wolfgang Ischinger, den Westen als nicht unschuldig an der Genese dieser militärischen Auseinandersetzung. In der Zeitschrift *Internationale Politik* bemerkte er selbstkritisch, dass der Westen ab einem bestimmten Zeitpunkt »den Schluss (hätte) ziehen müssen, dass es nicht möglich sein würde, die NATO-Erweiterungspolitik fortzusetzen, ohne eine schwere Krise mit Moskau heraufzubeschwören«.[2] Der hier geäußerte Gedanke, dass es zumindest im eng umrandeten Feld der NATO-Osterweiterung einen – vielleicht auch nur mental begründeten – Einflussbereich Russlands geben könnte, war nach der überhitzten Skripal-Diskussion im März 2018 nicht einmal in bundesdeutschen »Qualitätsmedien« gestattet, ohne Zeter und Mordio heraufzubeschwören beziehungsweise als »Türöffner Putins« diskreditiert zu werden.

Es geht selten gut, außenpolitische Fragen aus einem innenpolitischen Blickwinkel zu betrachten und zu bewerten. Dass die vergangene Präsidentenwahl in Russland von massiver Einschüchterung der Opposition, Unterdrückung von Minderheiten und von systematischer Benachteiligung von Putins Gegenkandidaten flankiert wurde, ist unabweisbar. Niemand kann sich in der Bundesrepublik innenpolitische Verhältnisse wie in Russland wünschen. Aber eine daraus abgeleitete Hybris im bilateralen Verhältnis zum Kreml sollten wir tunlichst vermeiden. Wenn wir nämlich außenpolitisch grundsätzlich dazu übergehen, nur noch mit Staaten auf Augenhöhe zu sprechen, die mindestens auf unserem aktuellen Demokratieindex-Niveau liegen, dann könnte das unser Gewicht in der Welt und damit unsere Möglichkeit zur eigenen Interessenwahrnehmung nachhaltig beeinträchtigen: Nicht nur die »üblichen Verdächtigen« wie China, die Türkei oder Saudi-Arabien (zu Letzterem sind die Beziehungen laut Auswärtigem Amt übrigens »freundschaftlich und spannungsfrei«) wären nach diesem Index dann nicht mehr als gleichberechtigte Gesprächspartner satisfaktionsfähig, sondern selbst die Vereinigten Staaten, Frankreich oder Italien.

Um nicht missverstanden zu werden: Staatlich organisierte Menschenrechtsverletzungen müssen wir in jeder Begegnung mit den entsprechenden Regierungen ansprechen und kritisieren. Wir sollten aber damit aufhören, demjenigen, der sich für einen Interessenausgleich auch mit weniger demokratischen Regimen einsetzt, implizit oder explizit vorzuwerfen, er mache sich mit Menschenrechtsverletzern gemein.

Wir brauchen wieder ein gutes, ein belastbares Verhältnis zu Russland, weil die großen internationalen Konflikte wie in der Ukraine, dem Iran und Syrien nur in Zusammenarbeit mit Russland gelöst werden können. Frieden in Europa wird dauerhaft nur mit und nicht gegen Russland möglich sein. Deshalb müssen wir den gegenseitigen Dialog auf möglichst vielen Kanälen intensivieren. Dabei ist es unerlässlich, dass wir unsere Interessen auch wieder wahrnehmbar markieren. Um es vorsichtig zu formulieren: Hier gibt es noch erheblichen Steigerungsbedarf – wurden in Berlin bundesdeutsche Interessen zwischenzeitlich zu häufig eins zu eins gleichgesetzt mit NATO-, US- oder britischen Interessen.

In meiner Funktion als Vizepräsident des Deutschen Bundestages habe ich auf meiner Delegationsreise nach Moskau im Mai 2018 positive Erfahrungen damit gemacht, unsere Sorgen und Nöte direkt und deutlich mit den russischen Gesprächspartnern zu artikulieren. Dies wurde in der Regel mit gleicher Klarheit beantwortet. Und nur wer weiß, wo die Dissens- und wo die Konsenspunkte im beiderseitigen Verhältnis sind, kann am Ende zu einem tragfähigen Ausgleich kommen.

Das deutsch-russische Verhältnis hat schlimmste Tiefen und wenige Höhen erlebt. Wer durch dieses großartige und vielfältige Land reist, merkt schnell, dass die freundliche Begegnung mit »normalen« Menschen auch die dunkelsten Stunden dieses schwierigen Verhältnisses überragen kann. Die Voraussetzungen sind also in jedem Fall da, um den Frieden mit Russland zu erhalten und zu stärken – und die Freundschaft zu vertiefen. Der Frieden in Europa ist es allemal wert, sich der Mühe des Ausgleichs zu unterziehen.

Mut zum Ausgleich

Von Harald Kujat

Das Ende des Kalten Krieges hat zu geopolitischen Veränderungen geführt, die durchaus mit den Ergebnissen des Wiener Kongresses vergleichbar sind. Wie 1815 wurde die politische Landkarte Europas neu gezeichnet. Daran haben die Nordatlantische Allianz mit der Erweiterung um die Staaten des Warschauer Paktes einschließlich der drei baltischen Staaten als ehemalige Sowjetrepubliken und die Europäische Union einen großen Anteil.

Als die Sowjetunion zerfiel und der Warschauer Pakt sich auflöste, öffnete sich für die osteuropäischen Staaten ein Fenster nach Westen, und da sie nicht wussten, wie lange es geöffnet bleiben würde, drängten sie darauf, schnell in die NATO und die Europäische Union aufgenommen zu werden. Unterstützt wurden sie darin insbesondere von Deutschland, das sich aus kulturellen Gründen und aus historischer Verantwortung für eine Zugehörigkeit dieser Länder zum Westen stark machte, während die Vereinigten Staaten lediglich eine Zusammenarbeit mit der NATO auf der Basis des Programms »Partnerschaft für den Frieden« favorisierten. Auch Russland suchte in dieser Phase politischer, wirtschaftlicher und militärischer Schwäche die Nähe zur westlichen Allianz. Die NATO und Russland vereinbarten eine strategische Partnerschaft mit enger politischer Abstimmung und konstruktiver militärischer Zusammenarbeit. Aber was Russland vergeblich zu erreichen suchte, war ein politisches Mitentscheidungsrecht, ohne selbst eine Mitgliedschaft anzustreben.

Die strategische Partnerschaft hat gegenseitiges Vertrauen aufgebaut und zu mehr Berechenbarkeit in politischen und militärischen Fragen geführt. Gemeinsame Übungen, beispielsweise zur

Rettung von U-Boot-Besatzungen nach dem Kursk-Unglück und die Unterstellung russischer Verbände unter NATO-Kommando im Kosovo, sind dafür Beispiele. Aber trotz dieser großen Fortschritte in der Überwindung der Ost-West-Konfrontation konnte Russland, das aufgrund seiner Geschichte und geostrategischen Lage immer nach Sicherheit vor einer Einkreisung strebt, die Erweiterung der NATO nicht verhindern.

Der Georgienkrieg 2008 und die Annexion der Krim 2014 setzten dieser vielversprechenden Phase der Annäherung ein Ende und markieren den Beginn einer neuen Ära der Konfrontation zwischen dem Westen und Russland. Gegen alle Erfahrungen und gegen die Regeln eines erfolgreichen Krisenmanagements hat der Westen die entstandenen Bindungen gekappt: Der NATO-Russland-Rat wurde suspendiert und Präsident Putin von den G8-Gipfeltreffen ausgeladen. Die Ukraine-Krise hat das Verhältnis des Westens zu Russland langfristig vergiftet. Aber auch nach vier Jahren haben weder die westliche Sanktionspolitik noch die Minsk-Vereinbarungen zu einer tragfähigen politischen Lösung geführt. Trotzdem ist der Westen nicht bereit, seine erfolglose Politik zu ändern und in einem neuen, konstruktiven Ansatz, der die innere Verfasstheit und die Einbindung der Ukraine in die europäische Sicherheitsarchitektur regelt, das Verhältnis zu Russland auf eine neue Grundlage zu stellen. Die grundsätzliche Verengung der westlichen Russlandpolitik auf das Ukraineproblem gefährdet die außen- und sicherheitspolitische Handlungsfähigkeit Europas auf allen Feldern, die ein gemeinsames Vorgehen mit Russland erfordern: beispielsweise das internationale Krisenmanagement, die Begrenzung und Beilegung von Krisen und Konflikten, die die europäische Sicherheit bedrohen, den Kampf gegen den internationalen Terrorismus sowie die konventionelle und nukleare Rüstungskontrolle und Abrüstung.

Im Schatten der neuen Spannungen hat die konventionelle und nukleare Aufrüstung der Vereinigten Staaten und Russlands eine neue Dynamik entwickelt. Auch China beteiligt sich an diesem Wettrüsten, und kleinere und mittlere Mächte streben ebenfalls nach dem Besitz von Massenvernichtungswaffen. Damit steigt die Gefahr einer

Fehleinschätzung oder Überreaktion und eines menschlichen oder technischen Versagens, zumal dringend benötigte neue Führungsinformationssysteme, die einen Zugriff von außen verhindern und Schutz gegen Hacker und Cyberangriffe bieten, keine Priorität vor neuen Waffentechnologien erhalten.

Dabei erfordert gerade die neue multipolare Weltordnung mit ihrem komplexen, dynamischen Beziehungsgeflecht insbesondere von den großen Mächten, den Vereinigten Staaten, Russland, China und Europa, die Bereitschaft zu politischer Mäßigung, konstruktiver Zusammenarbeit, Berechenbarkeit und Interessenausgleich. Hinzu kommt, dass sich die Vereinigten Staaten mit Präsident Trump nicht mehr als stabilisierende Führungsmacht der westlichen Allianz in einem System gegenseitig respektierter strategischer Interessen verstehen, sondern vor allem als Anwalt nationaler Interessen.

Und Russland strebt nach einer langen Schwächeperiode wieder nach politischem Einfluss und Anerkennung als Großmacht. Die Durchsetzung russischer strategischer Interessen, beispielsweise gegenüber der Ukraine oder im Nahen und Mittleren Osten, stößt jedoch auf den Widerstand des Westens. Die richtige Antwort an ein wieder politisch selbstbewusstes und militärisch erstarktes Russland wäre allerdings nicht internationale Isolation, sondern eine intensivere Zusammenarbeit in den bewährten multinationalen Gremien.

Die herkömmlichen Allianzen verlieren zunehmend an Bedeutung. Das gilt auch für die Nordatlantische Allianz, die sich durch die unbegrenzte Aufnahme neuer Mitgliedstaaten überdehnt, vor allem aber wegen des Handelskrieges der Vereinigten Staaten gegen die europäischen Verbündeten sowie die mangelnde Solidarität von Mitgliedsstaaten wie Deutschland, die keinen angemessenen Beitrag zur kollektiven Verteidigungsfähigkeit leisten. In dieser Lage spricht alles dafür, die strategische Partnerschaft mit Russland wiederzubeleben. Auf diese Weise könnte das Problem des ballistischen Raketenabwehrsystems der NATO auf eine für beide Seiten akzeptable Weise gelöst und mit der Vereinbarung vertrauensbildender militärischer Maßnahmen ein großer Schritt in Richtung Entspannung getan werden.

Während die zentrifugalen politischen Kräfte in Europa wachsen, wird uns der Mangel an qualifizierten Politikerpersönlichkeiten in Führungspositionen, den bereits Helmut Schmidt beklagte, immer stärker bewusst. Offenbar mangelt es vielen heutigen Politikern an der außen- und sicherheitspolitischen Weitsicht und dem strategischen Urteilsvermögen, die für die Bewältigung der gegenwärtigen und künftigen Gefahren und Herausforderungen erforderlich sind. Europa kann sich nur zwischen den Vereinigten Staaten und Russland, aber immer mehr auch gegenüber China behaupten, wenn Deutschland politisch, wirtschaftlich und militärisch stark ist. Der politische Einfluss Deutschlands in Europa und in der Welt nimmt jedoch immer weiter ab, ebenso wie die kulturelle und wissenschaftliche Vormachtstellung des Landes.

Deutschland hat die geopolitisch und strategisch vorteilhafte Lage, die durch das Ende des Kalten Krieges und die Wiedervereinigung entstanden ist, nicht genutzt. Wir haben es versäumt, einen Beitrag zum Bau des gemeinsamen Hauses Europa zu leisten, in dem auch Russland seinen angestammten Platz hat. Die Chance für eine Friedensordnung von Vancouver bis Wladiwostok ist vertan, und der Wille zur Verständigung mit Russland ist ebenso verloren gegangen wie das gegenseitige Vertrauen und die Berechenbarkeit des politischen Handelns. Ein radikaler Neuanfang im Verhältnis des Westens zu Russland mit der festen Absicht, eine neue Phase der Entspannung einzuleiten, ist dringend geboten. Wie Willy Brandts und Egon Bahrs Ostpolitik der Sechzigerjahre muss die Wende zu einer konstruktiven, die internationale Stabilität und die Zusammenarbeit fördernde West-Ost-Politik Europas von Deutschland ausgehen.

Vor allem muss das durch den andauernden Informationskrieg verloren gegangene Vertrauen wieder zurückgewonnen werden. Der Antagonismus von Provokation und Gegenprovokation, Verdächtigung und Beschuldigung, Drohung und Gegendrohung, von Sanktionen und Gegensanktionen muss beendet werden. Vertrauen entsteht aber nur durch gemeinsam gesuchte Wahrheit. Und es ist vor allem die Wahrheit, die in den letzten Jahren unter die Räder gekommen ist. Verantwortungsbewusste Politiker müssten daher im

Sinne gemeinsam gesuchter Wahrheit und gemeinsam angewandter Vernunft (C. F. v. Weizsäcker) neue Ansätze zu mehr Berechenbarkeit und Vorhersehbarkeit des politischen Handelns, zu Verständigung, Interessenausgleich und gegenseitigem Vertrauen suchen.

Abrüstung und Rüstungskontrolle sowie vertrauensbildende militärische Maßnahmen brauchen neue Impulse: vor allem hinsichtlich der Militarisierung des Weltraums, der Fortsetzung der nuklearstrategischen Abrüstung, der Sicherstellung des Vertrages über die Abrüstung eurostrategischer Mittelstreckensysteme sowie des Nichtverbreitungsvertrages.

Auch die gegenwärtigen Konflikte können nur durch eine enge Zusammenarbeit der Vereinigten Staaten und Russlands gelöst und die Ursachen für das Entstehen neuer Gefahren beseitigt werden. Europa und insbesondere Deutschland können dazu einen Beitrag leisten, indem sie sich dafür einsetzen, gemeinsam Wege aus den Krisen und Konflikten unserer Zeit zu suchen. Mehr denn je sind politische Weitsicht und strategisches Denken gefordert. Mehr denn je ist der Mut gefordert, auf der Grundlage politischer und strategischer Interessen, wo immer notwendig und vertretbar, zu einem Ausgleich mit dem Ziel größerer internationaler Sicherheit und Stabilität bereit zu sein.

Zeit für eine neue Entspannungspolitik – Warum Frieden und Zusammenarbeit mit Russland im europäischen Interesse sind

Von Oskar Lafontaine

Willy Brandt und Egon Bahr wussten, dass es Frieden in Europa nur mit und nicht gegen Russland geben kann. Mit ihrer Ostpolitik setzten sie im Kalten Krieg auf eine Zusammenarbeit mit der Sowjetunion und den Staaten Osteuropas, die auch zur Grundlage für eine Annäherung der beiden Teile Deutschlands wurde. Brandts erklärtes Ziel war es, die Konfrontation zwischen Ost und West so weit wie möglich abzubauen, die Abrüstung auf beiden Seiten und die europäische Einigung voranzubringen. Gegen diese Entspannungspolitik gab es damals massiven Widerstand aus Washington und von den deutschen Konservativen. Der »Wandel durch Annäherung«, den Egon Bahr in seiner berühmten Tutzinger Rede gefordert hat, und die Idee, nicht auf Hochrüstung und militärische Überlegenheit zu setzen, sondern auf Gespräche und beiderseitige Abrüstung, waren in der Zeit des Kalten Krieges ein Wagnis, aber sie führten zu einem Umdenken in der Welt. Auch die Sprache veränderte sich: Neben »Frieden«, »Abrüstung« und »Entspannung« bestimmten Begriffe wie »gemeinsame Sicherheit«, »strukturelle Nichtangriffsfähigkeit« und »soziale Verteidigung« die Diskussion.

Die mittlerweile eingetretene fundamentale Veränderung im politischen Denken und in der Außenpolitik der NATO-Staaten einschließlich Deutschlands erkennt man auch an der Sprache und daran, dass viele der oben genannten Begriffe wieder aus der politischen Debatte verschwunden sind. Heute bestimmen Wörter wie »Aufrüstung«, »Sanktionen« oder »Säbelrasseln an der russischen Grenze« die politische Agenda.

Und doch hat die Ost- und Entspannungspolitik lange Zeit den Frieden in Europa gesichert. Ohne sie wäre die Wiedervereinigung

Deutschlands nicht möglich gewesen. Sie hat das politische Klima zwischen den beiden Supermächten Sowjetunion und USA verbessert.

Die Vereinbarungen zur Begrenzung von strategischen Atomwaffen (SALT 1 und 2), von Mittelstrecken-Raketen (INF-Vertrag) und von konventionellen Streitkräften (KSE-Vertrag) wären ohne die neue deutsche Außenpolitik so nicht zustande gekommen. Willy Brandt, Egon Bahr, Walter Scheel und ihre Unterstützer hatten damals den Mut, eine eigenständige Außenpolitik auf den Weg zu bringen, unabhängig von den Vorgaben der USA und ausgerichtet an den Interessen der Menschen in Deutschland und Europa. Wenn Trumps ehemaliger Sicherheitsberater H. R. McMaster gemeinsam mit dem ehemaligen Vorsitzenden des Nationalen Wirtschaftsrates, Gary Cohn, 2017 im *Wall Street Journal* schrieb:»Wo unsere Interessen übereinstimmen, sind wir offen für eine Zusammenarbeit. Denjenigen aber, die sich entscheiden, unsere Interessen herauszufordern, werden wir mit fester Entschiedenheit entgegentreten«[1], dann zeigt das erneut, wie notwendig eine eigenständige europäische Außenpolitik ist, angesichts der einzig verbliebenen Weltmacht, die rücksichtslos ihre Ziele verfolgt.

Mittlerweile haben die NATO-Staaten auf Druck der USA eine drastische Aufrüstung beschlossen. Zwei Prozent des Bruttoinlandsprodukts wollen sie für Rüstung ausgeben, während von vielen ihrer Mitglieder nicht einmal das seit Jahrzehnten vereinbarte 0,7-Prozent-Ziel für Entwicklungshilfe erreicht wird. Die USA, die lange Jahre mehr als 600 Milliarden Dollar für ihr Militär ausgegeben haben, beschlossen für das Jahr 2019 eine Erhöhung ihrer Kriegsausgaben auf über 700 Milliarden Dollar. Russland gibt demgegenüber nach internationalen Statistiken weniger als ein Zehntel davon für Rüstung aus, 2017 rund 66 Milliarden Dollar. Mittlerweile haben die USA Russland eingekreist. NATO-Truppen, auch deutsche, stehen an der russischen Grenze. In Polen und Rumänien wurden Raketenbasen errichtet. Gegen Russland wurden Sanktionen verhängt, die auch die europäische Wirtschaft schwächen, während die USA davon kaum betroffen sind.

Im Gegensatz zu den Zeiten der Ost- und Entspannungspolitik kommt die europäische Einigung heute nicht voran. Die Staaten

Europas driften eher auseinander. Sie finden keine gemeinsame Antwort auf die Aufnahme politischer Verfolgter und von Kriegsflüchtlingen sowie auf die zunehmende Migration. Die Eurokrise ist noch lange nicht überwunden, von einer gemeinsamen Wirtschafts- und Finanzpolitik Europas kann keine Rede sein. Vielmehr haben die von Merkel und Schäuble verordneten Spardiktate zu sozialen Verwerfungen vor allem in Südeuropa geführt und das Aufkommen rechter Parteien wie in Italien befördert.

»Es ist doch eine banale Erkenntnis, dass die Vereinigten Staaten ein Problem hätten, wenn deutsche Technologie und russische Rohstoffe zueinanderfänden«,[2] sagt der US-amerikanische Sicherheitsberater George Friedman, Gründer der privaten Denkfabrik »Stratfor«. Deshalb sei es ein »US-Hauptziel seit einem Jahrhundert, ein deutsch-russisches Bündnis zu verhindern. Natürlich wollen die USA einen Keil zwischen Deutschland und Russland treiben.«

Besser kann man die Politik der letzten Jahre mit der NATO-Osterweiterung, der Destabilisierung der Ukraine und den Sanktionen gegen Russland nicht entlarven. Und es wird unmittelbar klar, in welchem Ausmaß die europäischen Staaten in den letzten Jahren die wirtschaftlichen Imperative der USA bedienten und die eigenen Interessen hintenanstellten. Nicht nur, um den Frieden zu sichern, sondern auch, um die Wirtschaft Deutschlands und Europas zu fördern, ist Russland der naheliegende Partner.

Schließlich ist es der zweitgrößte Erdölproduzent der Welt und besitzt 24 Prozent der weltweiten Erdgasreserven. Rund 15 Prozent der erkundeten Vorkommen metallischer Rohstoffe der Erde lagern dort, ebenso wie große Vorräte Seltener Erden, die wir für unsere Smartphones, Notebooks oder Elektroautos brauchen. Die Bundesrepublik beispielsweise fördert mittlerweile nur noch rund drei Prozent der benötigten Primärenergie selbst und muss 97 Prozent importieren. Und umgekehrt ist Deutschland heute nach China immer noch Russlands wichtigster Handelspartner.

Schon jetzt wird gut ein Drittel des europäischen Gasbedarfs aus Russland gedeckt. Zum Ärger der USA, die stattdessen ihr – teureres – Flüssiggas in Europa verkaufen wollen. Deshalb ist die geplante neue Gasleitung von Russland über die Ostsee nach Deutschland, »Nordstream 2«, den Amerikanern ein Dorn im Auge, zumal die USA durch den Einsatz der fragwürdigen Fracking-Methode enorme Exportkapazitäten aufgebaut haben und zu einem der größten Gasexporteure geworden sind. Dabei ist es ökologisch und ökonomisch unsinnig, Gas zuerst mit einem hohen Energieeinsatz zu verflüssigen, dann mit Transportschiffen um die halbe Welt zu fahren, um es anschließend wieder gasförmig in Pipelines einzuspeisen. Ohne die Sanktionen gegen Russland und ohne den permanenten Versuch der Amerikaner zu verhindern, dass deutsche Technologie und russische Rohstoffe zueinanderfinden, hätte das US-Flüssiggas in Europa kaum Chancen.

Je unverhohlener die USA »einen Keil zwischen Deutschland und Russland treiben« wollen, umso notwendiger ist es für eine selbstbewusste deutsche Politik, sie darauf hinzuweisen, dass wir in Zukunft nicht mehr bereit sind, ihren wirtschaftlichen Interessen den Vorrang einzuräumen. Eine zunehmende Zusammenarbeit mit Russland schafft Arbeitsplätze in Europa und stabilisiert die Wirtschaft. Eine wachsende Wirtschaft ist zugleich auch die Vorrausetzung für soziale und demokratische Verbesserungen in Russland.

Ebenso fördert ein vertiefter kultureller Austausch das gegenseitige Verständnis. Neben wirtschaftlicher Zusammenarbeit ist daher auch eine im Bereich der Kultur nötig, um den Frieden zu sichern. Wer über die europäische Kultur spricht, kommt schließlich nicht an Tolstoi, Dostojewski und Pasternak, an Tschaikowski, Mussorgski und Strawinsky, an Kandinsky, Chagall und Jawlensky vorbei. Wenn sich Künstler und Kreative treffen und austauschen, dann können alle Seiten nur lernen. Auch ein verstärkter Schüler- und Studentenaustausch fördert die Verständigung.

Fest steht: Die heutige zunehmende Konfrontation ist nicht im Sinne Europas und – zu Ende gedacht – auch nicht im Sinne der USA. Im Falle eines Krieges zwischen den USA und Russland würde Europa zum Schlachtfeld und wäre in seiner Existenz bedroht. Unser Kontinent ist auch direkt betroffen, wenn die Konflikte im Nahen Osten eskalieren – während die USA weit weg sind. Niemals hätten die USA in Afghanistan, Irak oder Syrien Krieg geführt, würde es dort nur Schafherden und Dattelpalmen geben. Es geht immer um Rohstoffe, Transportwege und Absatzmärkte. Es kann nicht im Interesse der Europäer sein, sich in solche Kriege hineinziehen zu lassen. Wir sind so lange nicht souverän, wie wir durch die militärischen Einrichtungen der USA in Europa, man denke nur an Ramstein, in jeden Krieg, den der US-Imperialismus vom Zaun bricht, verwickelt werden, auch in den völkerrechtswidrigen Drohnenkrieg.

Es ist daher Zeit für eine selbstbewusste europäische Politik, die die Verständigung mit Russland sucht. Selbstverständlich sind weiterhin gute Beziehungen zu den Vereinigten Staaten im Interesse des alten Kontinents. Aber diese Zusammenarbeit kann nur auf Augenhöhe erfolgen. Wenn Edward Fishman, der lange für Sanktionen im Planungsstab des US-amerikanischen Außenministeriums zuständig war, 2017 in *Foreign Affairs* unter dem Titel »Even Smarter Sanctions – How to Fight in the Era of Economic Warfare« schrieb: »Der Zweck von Sanktionen ist es, wirtschaftlichen Druck auszuüben, um eine ausländische Regierung dazu zu bringen, etwas zu tun, was sie nicht tun will«,[3] dann müssen die Europäer endlich den Mut aufbringen, dem »großen Bruder« die Rote Karte zu zeigen.

Voraussetzung für eine europäische Außenpolitik ist eine engere Zusammenarbeit der europäischen Staaten. Wie zu Brandts und Bahrs Zeiten geht es heute wieder um den Abbau der Konfrontation zwischen Ost und West, um weltweite Abrüstung und um eine gemeinsame Politik. Aber im Gegensatz zur Ost- und Entspannungspolitik des Friedensnobelpreisträgers muss Europa heute erkennen, dass auch, wenn die Vereinigten Staaten ein Problem damit haben, dass deutsche Technologie und russische Rohstoffe zueinander finden, es erste Aufgabe der deutschen und der europäischen Politik in der Zukunft sein muss, wirtschaftliche Zusammenarbeit und Frieden mit Russland zu suchen. Denn Frieden ist nicht alles. Aber ohne Frieden ist alles nichts.

Tödlicher Wandel durch Konfrontation – Was uns vermutlich ins Haus steht

Von Albrecht Müller

Wenn man nach großen strategischen Leistungen von Politikern sucht, wird man selten fündig. Man wird Untaten finden – die Kriege der USA, die Erschaffung des Terrorismus als neue Bedrohung, die Politik der Sanktionen, die Privatisierung der Altersvorsorge, die schwarze Null –, positiv zu bewertende, große strategische Leistungen sind und waren das nicht. Bei der Suche nach klugen und langfristig angelegten Überlegungen und Entscheidungen bin ich ganz schnell beim Konzept der Ostpolitik angelangt. Was Willy Brandt und seine Mitarbeiter sich schon in den Fünfzigerjahren mitten im Kalten Krieg ausgedacht und dann in den Sechzigerjahren formuliert und umzusetzen begonnen haben, das war wohldurchdacht. Eine strategische Leistung der besonderen Art. Das gilt insbesondere für den Grundgedanken, der in die Formel »Wandel durch Annäherung« verpackt war.

»Annäherung« zu wollen und zu realisieren, hatte praktische Konsequenzen für die praktizierte Politik und für die Äußerungen der handelnden Personen. Etwas bürokratisch anmutend wurde von »vertrauensbildenden Maßnahmen« gesprochen. Die treibenden Kräfte der Ostpolitik sprachen fast schon penetrant von solchen vertrauensbildenden Maßnahmen. Wir, die damals daran beteiligten Mitarbeiter, sahen mit Bedacht darauf, diesen Gedanken zu beherzigen. Wir lernten und kamen mit anderen überein, es sei wichtig, sich in die Lage des Anderen zu versetzen. Damals lernten viele Deutsche, nicht nur die eigenen Opfer des Zweiten Weltkrieges zu beklagen, sondern auch die 27 Millionen Toten in der Sowjetunion wahr und ernst zu nehmen. Das half dabei, aus Gegnern im Kalten Krieg Partner der Entspannungspolitik werden zu lassen.

Hinzu kam dann der glücklicherweise gelungene Versuch, unter den Deutschen eine Mehrheit für diese Strategie zu finden. Das gelang einerseits dadurch, dass die Vorteile dieser Strategie zur Sprache gebracht wurden – Frieden, Familienzusammenführung, Warenaustausch, Arbeitsplätze, Reisen, Sich Besuchen. Hinzu kam die emotionale Seite. Willy Brandt sprach von Versöhnung, nicht nur von Vertragspolitik. Und er handelte danach, bedacht oder gefühlsmäßig. Der Kniefall in Warschau hatte eine solche weitreichende emotionale Bedeutung, diesseits und jenseits des Eisernen Vorhangs.

Die Ostpolitik war insgesamt so etwas wie ein Gesamtkunstwerk. Dieses zu zerstören, wird heute mit aller Kraft und leider auch mit Erfolg versucht. Die SPD, die Partei des Willy Brandt, des Egon Bahr, des Helmut Schmidt und des Horst Grabert, kennt die Ostpolitik als großes Thema nicht mehr. Nicht selbst erlebt und einfach vergessen oder verdrängt. Typisch dafür ist, dass in der Fehler-Analyse der SPD, die Anfang Juni 2018 erschienen ist, die Autoren das Thema Ostpolitik und das Verhältnis Deutschlands zu Russland nicht als wesentlich zur Sprache bringen – auch nicht der jeden Tag neu zu beobachtende Aufbau des Feindbildes Russland. Krieg und Frieden sind kein Thema mehr, und der strategische Gedanke »Wandel durch Annäherung« ist so umfassend entsorgt, dass die heute handelnden Politiker gar nicht in Betracht ziehen, dass die Idee ja auch im negativen Sinne realisiert werden könnte: negativer, tödlicher Wandel durch Konfrontation. Dass der Wandel zum Schlechteren genauso logisch wäre und genauso passieren könnte wie der positive Wandel durch Annäherung, ist offensichtlich nicht ins Bewusstsein gedrungen. Wenn wir das berühmte Geschichtsbewusstsein hätten, wenn unsere publizistischen und politischen Wegbegleiter ein bisschen Ahnung von der nicht zu weit zurückliegenden Vergangenheit hätten, dann dürften sie – und damit wir alle – nicht so blauäugig in eine Konfrontation nach der anderen stolpern.

Auch die deutsche Seite ist in den letzten 25 Jahren eher durch Konfrontation als durch Verständigung und Versöhnung hervorgetreten. Markant ist die Beteiligung am Kosovokrieg. Man musste wissen, dass dies von russischer Seite als unfreundlicher Akt gewertet werden würde. Bereits zuvor begann mit deutscher Zustimmung die Ausdehnung der NATO bis an die Grenze Russlands.

Der Westen, die Bundesrepublik Deutschland und die führenden Parteien haben auf die ausgestreckte Hand der Verantwortlichen in Russland hinhaltend bis ablehnend reagiert. Sie haben den Geist, der noch das Ende der Blockkonfrontation im Jahre 1990 prägte, vergessen. Ein nicht verborgen gebliebener Misstrauensakt war die kühle Reaktion auf die Rede des russischen Präsidenten im Deutschen Bundestag am 25. September 2001. Mehr als viele Worte sagte ein Blick auf die Regierungsbank. Putin hatte gerade vorgeschlagen, die Potenziale Russlands mit denen der anderen Teile Europas zu vereinigen. Diese Botschaft löste entsetzte, nachdenkliche bis uninteressierte Gesichter auf der Regierungsbank aus. Der damalige Außenminister Joschka Fischer und Innenminister Otto Schily sahen aus, als sei ihnen nicht ein zukunftsfähiges Angebot, sondern eine schlechte und obendrein langweilige Nachricht übermittelt worden. Sie schauten abweisend und betroffen drein. Sie kannten vermutlich die Hintergründe der neuen Konfrontation.[1]

Die verschiedenen Misstrauensbekundungen zwischen 1990 und 2007 führten dann dazu, dass der russische Präsident bei einer anderen Gelegenheit, auf der Münchner Sicherheitskonferenz 2007, eine eher abweisende Rede hielt. Das war die Rede eines enttäuschten Liebhabers, der seine Konsequenzen aus der Zurückweisung zieht. Spätestens hier hätte die deutsche Seite aufmerken müssen, wenn sie die Interessen Deutschlands wahrnehmen würde, statt den Vorgaben aus den USA hinterherzulaufen.

Dann kam es laufend zu weiteren Provokationen: Der deutsche Außenminister Steinmeier beteiligte sich im Februar 2014 an der Verabredung mit dem Präsidenten der Ukraine, Wiktor Janukowitsch, und hat sich dann, unter dem Eindruck der Scharfschützen-Schüsse auf dem Maidan, nicht für die Umsetzung der Vereinbarung engagiert. Jeder aufmerksame Beobachter musste davon ausgehen, dass der deutsche Außenminister zusammen mit dem französischen und dem polnischen Kollegen, die bei den Gesprächen mit dabei waren, unter einer Decke steckte und damit den Putsch gegen den

Präsidenten, der die Zusammenarbeit mit Russland aufrechterhalten wollte, unterstützte.

Deutschland hat es zugelassen, dass auf seinem Territorium Truppenverschiebungen größeren Ausmaßes in die Nähe der russischen Grenze vorgenommen werden. Selbst die Bundeswehr hat sich daran beteiligt. Die Deutschen, an vorderster Front Bundesverteidigungsministerin von der Leyen, haben der US-Forderung nach Erhöhung der Rüstungsausgaben zugestimmt, und sie werben in der gleichen Weise für das Militär als Garant der Sicherheit. Verabredet war Abrüstung, jetzt wird aufgerüstet, und man kann sich des Eindrucks nicht erwehren, dass dahinter die Strategie steckt, die Russen totzurüsten. So wird es jedenfalls auf russischer Seite empfunden werden.

Die deutsche Regierung hat die von den USA auferlegten Sanktionen mitgemacht. Ohne Rücksicht auf frühere Abreden, den Handel und gegenseitige Investitionen auszubauen, sogar ohne Rücksicht auf die eigenen wirtschaftlichen Interessen.

Auch beim verabredeten Bau des »Nord Stream 2«-Projektes wackelt die deutsche Seite bedrohlich.

Russische Journalisten und russische Medien werden in Deutschland stiefmütterlich bis feindselig behandelt. Ich habe den Umgang mit russischen Journalisten in der Zeit des Kalten Krieges und der begonnenen Entspannungspolitik in Bonn erlebt. Einer der wichtigen Vertreter russischer Medien war Mitglied unserer Volleyball-Mannschaft. Ich war zu jener Zeit Leiter der Planungsabteilung im Bundeskanzleramt und war nicht angehalten, Berührungsängste zu haben, im Gegenteil: Niemand wäre damals auf die Idee gekommen, einem russischen Sender ein Studio zu verweigern, wie das jetzt mit RT Deutsch praktiziert wurde.

Die Fußballweltmeisterschaft ist ein eigenes neues Kapitel, genauso wie vorherige Olympiaden. Da wurde unterstellt, dass Russland diese Weltmeisterschaft nur mache, um sein Image aufzupolieren. Es wurde immer wieder darauf hingewiesen, den Russen gehe es schlecht und sie seien nicht besonders gastfreundlich. Andere Erfahrungen wurden dann mit Erstaunen und Misstrauen begleitet. Unter deutschen Medienschaffenden gibt es einen Russenhass, der einem am Charakter der betreffenden Journalisten zweifeln lässt.

Russland wird vom Westen immer wieder unterstellt, sie hätten in Syrien mit dem Krieg angefangen und den Giftanschlag von Salisbury veranlasst. Überall werden sie als Misse- und Übeltäter dargestellt. Feindbildaufbau und Konfrontation statt Annäherung scheint heute offensichtlich das Gebot der Stunde zu sein.

Anzunehmen, dass diese ständigen Misstrauensbekundungen und Unterstellungen und Feindseligkeiten ohne Reaktion bleiben, ist naiv. Wenn die Feindseligkeiten weitergehen, dann wird ein Wandel zum Schlechteren stattfinden.

Man spürt es schon. Bei einem Interview mit einer jungen russischen Journalistin zum Thema Außenpolitik war deutlich zu spüren, dass eine Trotzreaktion ins Haus steht. Verletzter Stolz ist der emotionale Treibstoff beim Aufbau neuer Konfrontation. So wird der Westen mit seinem Verhalten dazu beitragen, dass es in Russland einen Wandel zum Schlechteren gibt: weniger Gastfreundschaft, weniger freundliche und freundschaftliche Gefühle gegenüber den Deutschen, Offenheit für nationalistische und militaristische Gruppen. Es ist der helle Wahnsinn. Das ist das Gegenteil einer produktiven schöpferischen Strategie, es ist eine Strategie, die zum tödlichen Wandel führen kann.

Dieser Wandel wird vermutlich bei verschiedenen Gruppen und Schichten der russischen Gesellschaft eintreten, nicht nur bei den nationalistisch gesonnenen Zeitgenossen und deren Organisationen, auch bei intelligenten, aufgeschlossenen Menschen.

Fangen wir mit den Nationalisten an. Wie der Westen insgesamt und insbesondere auch Deutschland mit Russland umgehen, das ist Wasser auf die Mühlen der Nationalisten in Russland. Wenn man vom Clash der Zivilisationen reden oder fantasieren will, hier wird der Weg dazu vorbereitet. Sie fanden die Freundlichkeit und Zugeständnisse Michail Gorbatschows gegenüber dem Westen schon unerträglich. Dann erlebten sie, wie Jelzin – nüchtern oder im Suff – ihr Land und ihre Ressourcen zu verscherbeln drohte, angetrieben durch andere im Hintergrund und beraten durch US-amerikanische

Wirtschaftsfachleute. Und dann erlebten sie, dass auch Putin auf den Westen zuging, zum Beispiel mit seiner Rede vor dem Deutschen Bundestag. Jetzt können sie mit Befriedigung feststellen, dass Putins Freundlichkeit und Zugeständnisse nicht honoriert worden sind. Das können sie nutzen, und das werden sie nutzen, und das führt dazu, dass diese Gruppierungen gestärkt werden. Und das macht gegenwärtig und künftig eine Verständigung schon ein ganzes Stück schwieriger. Der oft beschworene Clash steht de facto ins Haus.

Auch in Kreisen von Menschen, die eigentlich aufgeschlossen sind für die westliche Kultur und die deshalb auch große Sympathien für die freundlichen Zugeständnisse und das Werben von Putin hatten, wird die Konfrontation eine trotzige Reaktion auslösen. Ich versetze mich in die Lage dieser Menschen, die mir mental und kulturell nahestehen und deren Gefühlswelt ich deshalb gut einschätzen kann. Ich hätte mich mit ihnen über Jelzins Ausverkauf empört und wäre deshalb froh gewesen, dass Putin die russischen Interessen wieder zusammenhielt und auf den Westen zuging. Aber dann musste diese Gruppe beobachten, dass der Westen von Demokratie und Meinungsfreiheit redet, stattdessen aber eine Propagandamaschinerie aufbaut und laufen lässt, die rassistischen und faschistischen Charakter hat und an die Gleichschaltung der Medien durch die Nazis erinnert.

Wenn ich ein Mitglied dieser aufgeschlossenen liberalen Gruppierung in Russland wäre, dann hätte ich mich darüber gefreut, dass nach dem wirtschaftlichen Niedergang, versehen mit allen Konsequenzen wie hoher Selbstmordrate und niedriger Lebenserwartung, mit Putin eine deutliche Wende eingetreten ist. Ich hätte mich darüber gefreut, dass es in Russland wirtschaftlich einigermaßen aufwärtsgeht. Aber dann erlebe ich, wie der Westen mit seinen Sanktionen diesen ökonomischen Fortschritt zu stören und zu zerstören versucht, und ich würde erkennen, dass diese Politik gerade zu Lasten der Menschen geht, denen es nicht gut geht. Ich müsste feststellen: Der Westen genießt es, wenn es uns schlecht geht. Er nimmt sogar wirtschaftliche Nachteile hin, um es uns schlecht ergehen zu lassen. Der Westen und speziell Deutschland haben

Menschen in Russland wehgetan, weil sie deren Führungspersonen bestrafen wollten. Und sie haben die ausgestreckte Hand zurückgewiesen. Das verletzt auch den kleinen Stolz von Menschen, die weder zum nationalistischen noch zum doktrinären noch zum dogmatisch-religiösen Lager gehören. Das linksliberale oder linke Lager wird durch die neue Konfrontation zum Wandel zum Schlechteren gezwungen.

Dümmer kann Politik eigentlich nicht sein.

Zurück zu politischer Vernunft – Deutschland muss endlich Initiative für ein sicheres Europa ergreifen

Von Matthias Platzeck

> *Die ungelösten Fragen der europäischen Stabilität liegen auch*
> *nach dem Ende des Ost-West-Konflikts noch immer im Osten.*
> *Die Geschichte stellt die Aufgabe, […]*
> *unserem Kontinent ein sicheres Haus zu bauen.*[1]
>
> Egon Bahr, 1998

Dauerhafte Sicherheit in Europa wird es nicht gegen, sondern nur mit Russland geben. Egon Bahr hat bis an sein Lebensende gehofft, dass dieser Grundsatz sich in der europäischen Politik durchsetzt, und gewarnt:»Sonst gehen wir ungemütlichen Zeiten entgegen.«[2] Längst ist es so weit. Russland und der Westen haben sich nach Jahren, in denen sich die Gegensätze immer weiter verfestigten, in eine Sackgasse hineinmanövriert. Das Verhältnis ist zerrüttet. Die Gefahr, dass der neu ausgebrochene Ost-West-Konflikt außer Kontrolle gerät, ist real. Der Leiter der Münchner Sicherheitskonferenz, Wolfgang Ischinger, hält das Risiko einer bewaffneten Auseinandersetzung heute für größer als in der Zeit des Kalten Krieges. Der Frieden in Europa ist wieder gefährdet.

Doch weder Brüssel noch Berlin streben eine Initiative an, die das Verhältnis zu Russland entspannen könnte. Verdächtigungen, Schuldzuweisungen und lautstarke Drohgebärden bestimmen weiterhin die politische Tonlage in Europa; Sanktionen, zuletzt auch diplomatische, und militärische Aufrüstung prägen das politische Handeln. Die Zeichen stehen auf Eskalation.

Sicher: Niemand in Europa will einen Krieg. Das sicherheitspolitische»Schlafwandeln« aber ist angesichts der Urkatastrophe von

1914 und dem Zivilisationsbruch von 1933 fahrlässig und gedankenlos. Das gilt vor allem für Deutschland, das wie keine andere Nation Verantwortung trägt, gerade auch Russland gegenüber. Der Angriffskrieg auf die Sowjetunion mit dem erklärten Zweck »der Dezimierung der slawischen Völker« hat 27 Millionen sowjetische Opfer gefordert, der größere Teil von ihnen Zivilisten.

Das Deutsch-Russische Forum, dem ich vorstehen darf, hat seit 25 Jahren daran mitgearbeitet, die Menschen beider Länder einander wieder näherzubringen und Vertrauen neu aufzubauen. Heute müssen wir sehen, wie unsere Gesellschaften zusehends auseinanderdriften, wie wir wieder zu Gegnern werden. Bundespräsident Steinmeier hat in einem Zeitungsinterview uns Deutsche ermahnt: »Wir dürfen nicht Russland insgesamt, das Land und seine Menschen, zum Feind erklären. Dagegen steht unsere Geschichte.«[3] Die Aufgabe verantwortungsvoller Politik müsse es vielmehr sein, der »gefährlichen Entfremdung entgegenzuwirken«.

Das aber erfordert Initiative. Seit Kant sollten wir uns keine Illusionen mehr machen: Wo Menschen nebeneinander leben, ist Frieden nichts, was von selbst kommt, kein Naturzustand. Frieden muss immer organisiert, in Kants Diktion »gestiftet« werden, auch im gemeinsamen Haus. »Mit Russland im Gespräch zu bleiben«, ist zu wenig der Mühe, um den Scherbenhaufen, vor dem Europäer, Deutsche und Russen stehen, beiseite zu räumen. Eine gründliche Revision tut not. Die Frage der Sicherheit muss dabei an erster Stelle stehen.

Nach dem Ende des Kalten Krieges hat man den Frieden in Europa sich selbst überlassen. In der Charta von Paris von 1990 bekannten sich Ost und West zu »gleicher Sicherheit für alle unsere Länder«. Seither aber war eine gesamteuropäische Sicherheitsordnung, die Russland als gleichberechtigten Partner einschließt, nie ein Thema europäischer Außenpolitik – anders als die Ausdehnung der NATO nach Osten. Russland hat seinen Wunsch nach gemeinsamer Sicherheit immer wieder zum Ausdruck gebracht: Putin tat dies 2001 im Deutschen Bundestag und Medwedew in seiner Berliner Rede am 5. Juni 2008.

Friedenspolitik schien den Europäern entbehrlich. Der Westen war seiner eigenen Suggestion erlegen: Nach dem Zusammenbruch der Sowjetunion wähnte man sich am »Ende der Geschichte« angelangt, dem endgültigen Triumph von Demokratie, Marktwirtschaft und westlichen Werten, der alle Gesellschaften erfassen wird – mithin dem Frieden auf Erden.

Der Siegeszug der westlichen Ordnung um die Welt hat nicht stattgefunden. Auch Russland sagte sich nach dem Chaos und Elend der Neunzigerjahre vom westlichen Modell los und hat einen anderen Weg eingeschlagen. Europa will sich damit nicht abfinden und macht die Durchsetzung seiner liberalen Prinzipien und Werte zur Voraussetzung für eine Partnerschaft. Das ist schon insofern wenig überzeugend, als diese mittlerweile auch in Europa selbst, besonders in Polen und Ungarn, in Frage gestellt werden.

Schwerer aber wiegt, dass die »wertegeleitete« Politik es nicht für nötig hält, auf die Rezepte zurückzugreifen, die in Zeiten der Systemkonfrontation für den strategischen Umgang mit anderen Ordnungen entwickelt wurden. Sie gibt sich der Illusion hin, das Wünschenswerte sei auch das politisch Machbare. Damit ist sie im Hier und Jetzt nicht gestaltungfähig, denn ihr bleiben nur die großen Worte und leeren Gesten. Sicherer machen diese die Welt nicht, im Gegenteil. Die gefährliche Zuspitzung des Ost-West-Konflikts auf dem europäischen Kontinent infolge der Ukraine-Krise zeigt, dass moralische Empörung und Strafsanktionen konstruktive Politik nicht ersetzen können. Höchste Zeit also für mehr Realismus.

Ob es uns gefällt oder nicht: Russland wird weiter seinen eigenen Weg gehen und mit wiedererstarktem Selbstbewusstsein eigene Interessen deutlich formulieren. Der Westen muss das als Status quo akzeptieren und respektieren. Anschauungen müssen nicht zur Kongruenz gebracht werden, um gemeinsame Stabilität zu organisieren. Das war auch im Kalten Krieg nicht der Fall. Sicherheit ist unteilbar. Sie muss für alle Staaten gleichermaßen gelten, also auch für jene, deren Wertvorstellungen nicht den unseren entsprechen, die autokratisch regiert sind oder Demokratie auf andere Weise ausbuchstabieren. Allein der Frieden muss der Wert sein und bleiben, der über allen anderen steht.

Wir kommen nicht umhin, die politischen Möglichkeiten neu zu vermessen. Differenz müssen wir zulassen und Ausgleich suchen – durch Dialog und Verhandlung, durch Annäherung und Verständigung, durch politische und wirtschaftliche Integration und Partizipation. Das ist eine Politik der Vernunft. Die Initiative dafür sollte von Deutschland ausgehen. Das europäische Haus ist eine Schicksalsgemeinschaft. Wir können unserem Nachbarn nicht die Tür weisen, er wird bleiben – »Russland ist unverrückbar« (Bahr). Doch wir dürfen aus unserer Geschichte lernen und uns unserer historischen Verantwortung für ein friedliches Europa erinnern: Deutsche Außenpolitik kann nur eine auf Versöhnung bedachte Politik sein. Beginnen wir damit und bauen wir unserem Kontinent endlich ein sicheres Haus!

Russlands Raum im Europäischen Haus?
Anmerkungen zur deutschen Russlandpolitik

Von Herwig Roggemann

I

In den bald drei Jahrzehnten nach dem Fall des »Eisernen Vorhangs« haben die Beziehungen zwischen dem wiedervereinigten Deutschland, der zerfallenden Sowjetunion und später der Russischen Föderation ein Auf und Ab tiefgehender, kaum vorhersehbarer Wandlungen durchlaufen.

Mit der von Willy Brandt und Egon Bahr konzipierten und gegen heftige Widerstände durchgesetzten Neuen Ostpolitik gelang der schrittweise Übergang von argwöhnischer »friedlicher Koexistenz« zu einer Politik der vertrauensbildenden Kooperation mit Russland und Osteuropa. Erst und nur auf dieser Grundlage eines vom einstigen Aggressor Deutschland ausgehenden Politikwandels gegenüber der Sowjetunion war die Vereinigung der beiden deutschen Staaten überhaupt möglich. Inzwischen, das heißt 2018, sind die Beziehungen zwischen Deutschland, der EU und der NATO auf der einen und Russland auf der anderen Seite so angespannt, dass nicht ohne Grund von einem »Neuen Kalten Krieg« gesprochen wird.

Auf die Kernfrage, wie und warum es zu diesem Rückfall kommen konnte, wird in Variationen zumeist die gleiche Antwort gegeben: Russland, seine Regierung und sein Staatspräsident Wladimir Putin trügen die Schuld an dieser Entwicklung, müssten ihr Verhalten und ihre Politik ändern und zu einer »wertebasierten Außenpolitik« zurückkehren. Um diese Verhaltensänderung der Gegenseite zu erreichen, seien wirtschaftliche, rechtliche und personelle Sanktionen eine »klare Sprache« und die Erhöhung militärischer Schlagkraft und »Verteidigungsbereitschaft« die gegebenen Mittel.

Doch ob eine solche »Antwort« zum Ziel, nämlich der für Deutschland und Europa friedens- und daher lebensnotwendigen Verbesserung der Beziehungen zu Russland führen kann, ist fraglich. Sie beruht auf einer inhaltlichen und zeitlichen Verengung des Blicks auf den Ukraine-Russland-Konflikt. Als Konfliktursachen werden ganz überwiegend die politische und militärische Intervention eines »erneut expansiven« Russlands im ostukrainischen Industriegebiet Donbass sowie auf der Krim, deren Inbesitznahme und anschließende Eingliederung in die Russische Föderation genannt. Ganz überwiegend wird darin eine völkerrechtswidrige Annexion gesehen. Zeitlich wird die krisenhafte Entwicklung auf den Zeitraum der vergangenen vier Jahre, also seit der Maidan-Revolte 2014 reduziert. Der 21. Februar 2014 und die Monate danach seien für Deutschland zur »Sollbruchstelle im Verhältnis zu Russland geworden«, schreibt Katja Gloger. Und weiter: »Im Zäsurenjahr 2014 wurde Russland zur Bedrohung der europäischen Sicherheit.«[1]

II

Aus der Konfliktforschung ebenso wie aus der vergleichenden Rechtswissenschaft wissen wir, dass eine solcherart verkürzte und einseitige Betrachtungsweise nicht zu tragfähigen Schlüssen und erst recht nicht zu zukunftsfähigen Regelungen führen kann. Die Suche nach politischen und rechtlichen Lösungen erfordert eine Sichtung der Interessen und Ursachenanalyse des Verhaltens und Fehlverhaltens aller und nicht nur eines der Konfliktbeteiligten.

1. Interessenkonflikte

Eine wesentliche – und keineswegs erst seit Regierungsantritt von US-Präsident Donald Trump offensichtliche – Ursache des Ukraine-Konflikts ist der zunehmende wirtschaftliche, macht- und militärpolitische Interessenkonflikt zwischen den USA, der EU und Russland beim Ausbau – oder der Blockade – einer gesamteuropäischen Wirtschafts- und Sicherheitsarchitektur unter Einschluss – oder

Ausschluss – Russlands. Eine aus amerikanischer Sicht erstrebenswerte, aus deutscher und europäischer Sicht nicht zukunftsfähige Alternative stellt nach wie vor die politische Isolation Russlands, dessen wirtschaftliche Abdrängung nach Asien (China) und militärische »Einhegung« (»Containment«) durch die weitere Aufrüstung der NATO-Staaten Osteuropas und künftige Aufnahme der Ukraine und Georgiens in die NATO dar.

Für Deutschland und die EU geht es dagegen um ein anderes Ziel: Sicherheit in einer gesamteuropäischen Friedensordnung, einer Wirtschafts- und Modernisierungspartnerschaft und einem Energieverbund mit Russland herzustellen. Deutschland hat in diesem Interessenparallelogramm eine Sonderstellung als größte Wirtschaftsmacht Europas und nach wie vor einer der wichtigsten Wirtschaftspartner Russlands – und dessen einstiger Kriegsgegner.

2. Platz im Europäischen Haus?

Die große Chance, Russland nach dem Umbruch von 1990/91 einen institutionell verankerten Platz gleichberechtigter Mitwirkung im Europäischen Haus einzuräumen, wurde maßgeblich von westlicher, in geringerem Maße auch von russischer Seite nicht zielstrebig verfolgt und vorerst vertan. Alle Ansätze einer dauerhaften, mitbestimmenden Einbeziehung Russlands in eine gesamteuropäische Sicherheitsarchitektur (Charta von Paris 1990, NATO-Russland-Rat 1997, Partnerschafts- und Kooperationsabkommen 1997, Angebot eines »Europäischen Sicherheitsvertrages«, »Korfu-Prozess« der OSZE, Kooperationsangebot in der Rede Präsident Putins am 25. 9. 2001 vor dem Deutschen Bundestag, institutionalisierter Dialog Russlands mit der EU im Meseberg-Memorandum von 2010) führten nicht über Informations-, Konsultations- und unverbindliche Teilnahmerechte hinaus und nirgendwo zu substanziellen, gleichrangigen Mitbestimmungs- und Mitwirkungsrechten (ständiges Gegenargument: »Kein Vetorecht für Russland«). Als exemplarisch für die Russland-Ausschluss-Politik von NATO und EU, aber auch für die Unterschätzung der darin liegenden Dynamik durch die russische Seite kann der rund zehnjährige Verhandlungsprozess der EU mit der Ukraine ohne Beteiligung Russlands angesehen werden, der mit dem Assoziierungsabkommen von 2014 ein vorläufiges Ende fand. Dieses Verfahren begründete der damalige EU-Kommissions-Präsident Manuel Barroso mit dem geschichtsblinden Satz: Dies sei »eine bilaterale Angelegenheit« der EU und der Ukraine.

3. NATO-Osterweiterung

Die schrittweise Erweiterung der NATO um Russland herum – und damit letztlich, wie sich zeigt, gegen Russland – bis an Russlands Grenzen wird in der Regel mit dem Hinweis auf Artikel 10 des NATO-Vertrages und »das souveräne Recht« eines jeden Staates begründet, seine Bündnispartner frei zu wählen. Das mag aus rechtlicher Sicht zutreffend sein. Aus politischer Sicht erweist sich dieses von den USA initiierte und unterstützte Vorgehen als bisher folgenreichste Fehlentwicklung für eine gesamteuropäische Friedens- und Sicherheitsordnung.

Eine förmliche völkerrechtliche Vereinbarung über die künftige Nichterweiterung der NATO, über das Gebiet der DDR hinaus ostwärts, liegt nicht vor. Allerdings haben Vertreter der westlichen Regierungen, insbesondere US-Außenminister Baker, Bundeskanzler Kohl und Außenminister Genscher, im Laufe verschiedener Vorgespräche 1990 über die deutsche Einheit und den Zwei-plus-Vier-Vertrag der sowjetischen Seite, insbesondere Staatspräsident Gorbatschow und Außenminister Schewardnadse, mehrfach Angebote und mündliche Zusicherungen in dieser Richtung gemacht.[2] Zu einer schriftlichen Vereinbarung darüber – wie von Gorbatschows Berater Falin gefordert – kam es nicht. Da Anfang 1990 die Sowjetunion und der Warschauer Pakt noch bestanden, erscheint es verständlich, dass die Frage einer alsbaldigen NATO-Mitgliedschaft seiner Mitgliedstaaten nicht nur aus damaliger sowjetischer Sicht »jenseits unserer Vorstellungswelt« lag, wie Schewardnadse später erklärte.

Die fehlende, von sowjetischer Seite nicht weiter verfolgte Aushandlung einer schriftlichen, rechtlich durchaus möglichen Vereinbarung über eine – sei es auch zeitlich und inhaltlich begrenzte –

Nichtausweitung der NATO und eine etwaige russische Beteiligung an diesem Prozess ändert nichts an der in Aussagen und Niederschriften hinreichend bestätigten Tatsache, dass über die Nichtausweitung im Frühjahr 1990 und bis zur Deutschen Vereinigung offenbar Konsens im Sinne einer Geschäftsgrundlage zwischen Ost und West bestand.

Danach, das heißt nach Zwei-Plus-Vier-Vertrag und Deutscher Einheit im Herbst 1990 und jedenfalls anderthalb Jahre später, nach Auflösung der Sowjetunion und des Warschauer Paktes Ende 1991, begann sich die Sicht auf diesen Sachverhalt zu verändern. Eine sich schrittweise in den vormals sowjetischen Einfluss- und Sicherheitsbereich nun unter Ausschluss Russlands erweiternde NATO fand in der Folgezeit in ihre neue, alte Rolle gegenüber Russland zurück. Ihren vorläufigen Endpunkt erreichte diese Regression, nachdem die Maidan-Revolte 2014 mit westlicher Unterstützung eine politische Westwendung der Ukraine erzwungen, deren späteren EU- und NATO-Beitritt aus russischer Sicht wahrscheinlich und eine Wirtschafts- oder wenigstens Zollunion mit der Ukraine für Russland unmöglich gemacht hatte, und nachdem Russland durch diese unerwartete Entwicklung einen Kernbereich seiner militärischen Sicherheit und wirtschaftlichen Entwicklung bedroht sah und darauf mit gewaltsamer militärischer Intervention in der Ukraine reagiert hatte.

Die bis heute fortdauernde Debatte, ob der russische Vorwurf des Wortbruchs begründet sei und ob das Völkerrecht unter Umständen auch mündlichen Zusagen Rechtswirkung zubillige – was beides der Fall ist –, lenkt vom Kernpunkt ab: der anhaltenden Nichtbeachtung russischer Sicherheits- und Wirtschaftsinteressen im Prozess andauernder Osterweiterung der Einflusszonen von NATO und EU.

Die Annahme, die russischen Sicherheitsansprüche seien unbegründet oder es handele es sich um »Propaganda«, verkennt die politische Relevanz existenzieller Gefährdung durch den deutschen Vernichtungskrieg 1941–1945. Die Verarbeitung dieses größten, jemals einem Staat und seiner Bevölkerung durch einen anderen Staat, nämlich Deutschland und seiner Wehrmacht, zugefügten

Kriegsverbrechens, dem mehr als 25 Millionen Menschen, zumeist Russen, Weißrussen und Ukrainer, zum Opfer fielen, ist nicht nur eine Frage der Erinnerungskultur. Sie hat eine aktuelle politische Dimension. Dies bis heute – im Gegensatz zum Holocaust – zu verdrängen oder jedenfalls zu relativieren, gehört zu den grundlegenden Fehlannahmen derzeitiger deutscher Russlandpolitik.

Auch russische Bedenken gegen eine NATO-Mitgliedschaft der Ukraine wegen des wichtigen Marinestützpunktes Sewastopol lassen sich nicht mit dem Hinweis auf langfristige vertragliche Weiternutzung (bis 2042) durch Russland erledigen. Dabei werden Blockadedrohungen von ukrainischer Seite schon während russisch-ukrainischer Konflikte unter Präsident Juschtschenko übersehen. Derartige Blockademaßnahmen in die Tat umzusetzen, fiele der Ukraine als NATO-Mitglied noch leichter.

4. Die andere Seite des Maidan

Der »Euromaidan« wird aus ukrainischer Sicht und darüber hinaus in Deutschland und Europa überwiegend als erfolgreiche, »demokratische Revolution« gesehen. In der ukrainischen Hauptstadt Kiew habe sich eine »revolutionäre Wende« vollzogen. Diese herrschende Betrachtungsweise blendet wesentliche Entwicklungszusammenhänge und tatsächliche Abläufe aus, die zumindest teilweise eine andere Wertung der Ereignisse nahelegen.

Es handelt sich bei den gewaltsamen Protest-, Blockade- und Besetzungsaktionen der Maidan-Akteure um schwere und schwerste Straftaten. Von friedlicher Demonstration kann keine Rede sein. Vonseiten der Akteure wurden Amtsgebäude belagert und Straßen blockiert, Parlamentsabgeordnete und Regierungsvertreter angegriffen, Brandsätze und Schusswaffen eingesetzt, dreizehn Polizisten getötet und zahlreiche weitere verletzt, zum Teil schwer. Während der Schusswaffengebrauch seitens der Sicherheitskräfte, dem nach – umstrittenen – Regierungsangaben mehr als hundert Demonstranten zum Opfer gefallen sind, mit hohem kriminalistischem Aufwand strafrechtlich verfolgt wird, geschieht dies umgekehrt nicht. Alle strafbaren Handlungen der Demonstranten und ihrer

Unterstützer deckt ein Amnestiegesetz. Eine umfassende Aufklärung hat bis heute nicht stattgefunden.

Bei diesen Vorgängen ging es nicht um einen grundlegenden Systemwechsel, sondern vorrangig um einen Politikwechsel, Regierungswechsel und die Erzwingung der Unterzeichnung des umstrittenen Assoziierungsabkommens mit der EU. Es handelt es sich daher nicht um eine Revolution, sondern um eine Revolte, auch als Staatsstreich zu bezeichnen.[3]

Politische und rechtliche Brisanz gewinnt diese Revolte als »Regime Change« mit auswärtiger Einflussnahme durch die offensichtlich gewordene Beteiligung ausländischer Regierungen, insbesondere der USA.[4] Dies nämlich legt die Frage nahe, ob es sich nicht erst bei der anschließenden, mit unmittelbarer militärischer Gewaltanwendung verbundenen russischen Intervention auf der Krim und im Donbass, sondern bereits zuvor bei der interne aufständische Gewaltanwendung unterstützenden Einflussnahme vonseiten der USA und anderer westlicher Staaten in Kiew und andernorts, die zu Sturz und Flucht des gewählten Staatspräsidenten führte, um eine völkerrechtswidrige Verletzung des Interventionsverbots handelt. Denn dieser völkerrechtliche Grundsatz der Nichteinmischung in die inneren Angelegenheiten eines souveränen Staates verbietet nicht nur die Anwendung unmittelbarer äußerer Gewalt, sondern auch die zielgerichtete Unterstützung oppositioneller innerer Gewalt und setzt damit auch Aktivitäten Rechtsgrenzen, die unter Berufung auf »Korb 3« der KSZE-Schlussakte von 1975 über dessen Rahmen hinausgehen.

Wurde nicht erst auf der Krim und im Donbass, sondern bereits auf dem Maidan eine bürgerkriegsähnliche Konfliktsituation unter ausländischer Beteiligung ausgelöst und durch Handlungen auswärtiger Mächte und Institutionen ermutigt und unterstützt, so versieht das die politische Legitimation fortgesetzter, einseitig gegen Russland gerichteter Sanktionspolitik mit weiteren Fragezeichen.

5. Krim und Donbass

Das Vorgehen Russlands wird gemeinhin als Verletzung des Gewaltverbots, der territorialen Unverletzlichkeit und daher im Ergebnis als völkerrechtswidrige Annexion angesehen. Als solche wurde es – rechtlich unverbindlich – von der UN-Vollversammlung durch Resolution 68/2014 vom 27.3.2014 und in zahlreichen nationalen und internationalen Verlautbarungen verurteilt. Auch die Entscheidung des Europäischen Gerichtshofes vom 28.03.2017 über die Rechtmäßigkeit der gegen Russland verhängten Sanktionen legt diese Auffassung zugrunde.

Dem am 16.03.2014 durchgeführten Referendum der Krimbevölkerung wird dagegen wegen fehlender Rechtsgrundlage und Verletzung anerkannter Verfahrensstandards die Rechtswirkung abgesprochen. Diese Sicht der Mehrheitsmeinung lässt wichtige Gesichtspunkte außer Acht, die in die rechtliche Beurteilung, jedenfalls in die weitere politische Entscheidungsfindung einzubeziehen sind.

Formale Rechtsmängel nehmen dem Ergebnis des Referendums von 2014, in dem sich eine relevante Mehrheit der Krimbewohner für den Austritt aus der Ukraine und den Beitritt zur Russischen Föderation aussprach, nicht jegliche Rechtswirkung als Ausdruck des Demokratieprinzips. Es ist fraglich, inwieweit der Begriff der »Annexion« überhaupt auf einen Fall zutrifft, in dem die Bevölkerungsmehrheit eines Staatsteils ihren eindeutigen Volkswillen dahingehend geäußert hat, nicht in diesem, sondern einem anderen Staat leben zu wollen. Dies umso mehr, als eine im Jahre 2017 von westlicher Seite nach geltenden Standards der empirischen Sozialforschung durchgeführte Erhebung auf der Krim ergeben hat, dass deren Bewohner auch in einem erneut abgehaltenen Referendum mit eindeutiger Mehrheit wieder für den Austritt aus der Ukraine und den Anschluss an Russland stimmen würden.[5]

Die Tatsache, dass die Sezession der Autonomen Provinz Kosovo aus dem serbischen Staatsverband 1991 damals geltendem Verfassungsrecht widersprach ähnlich dem Krim-Referendum keine Rechtsgrundlage hatte, unter Verletzung internationaler Verfahrensstandards nicht durchgängig gewaltfrei erfolgte und Grenzänderungen nach sich zog, hat weder die USA noch die Mehrheit der EU-Staaten und inzwischen mehr als hundert UN-Mitgliedstaaten daran gehindert, die Republik Kosovo diplomatisch anzuerkennen und etwaige vorangegangene Rechtsverletzungen damit zu »heilen«. Die Heilbarkeit etwaiger Rechtsverstöße wird von der herrschenden Rechtsauffassung bei Gebietserwerb unter Verstoß gegen das Gewaltverbot allerdings verneint.

Ein fälliger, künftiger Krim-Vertrag zwischen Russland und der Ukraine, in dem wesentliche anstehende Fragen wie Staatsangehörigkeit, Minderheitenrechte, Sozialversicherung und Eigentum, Wirtschaftsverkehr, Transitregelungen, Grenzregime bis hin zu Energielieferungen und etwaigen Kompensationsleistungen zu regeln sind, könnte daher nicht ohne Weiteres eine förmliche Heilungswirkung, aber dafür eine wesentliche Grundlage für eine Friedenslösung auf dem Wege zu späterer »Heilung« etwaiger Rechtsmängel der Statusänderung der Krim schaffen – und wäre ein Gebot politischer Vernunft. Eine »Verstetigung« der externen und internen Krimsanktionen durch EU, Russland und Ukraine würde diesem Normalisierungsprozess entgegenwirken. Sie ist weder rechtlich geboten noch politisch sinnvoll.

Für die beiden unter russischem Einfluss als »Volksrepubliken« staatsähnliche Strukturen jenseits von Demokratie und Rechtsstaat entwickelnden ukrainischen Verwaltungsbezirke Donezk und Lugansk im Industrieraum des Donbass gilt anderes als für die Krim. Eine künftige Konsolidierung beider Bezirke als autonome Gebietskörperschaften innerhalb des wieder hergestellten Hoheitsgebiets der Ukraine setzt nach den Vereinbarungen von Minsk nicht nur die Beendigung fortgesetzter politischer und militärischer Intervention vonseiten Russlands, sondern auch der Blockademaßnahmen und Militäraktionen vonseiten der Ukraine und deren endgültigen Verzicht auf eine »militärische Lösung« mit Unterstützung der USA voraus. Wie die von OSZE-Beobachtern registrierte, fortdauernde Verletzung der Minsker Vereinbarungen durch Militäraktionen aller Seiten zeigt, verlangt dies ein Umdenken aller Konfliktbeteiligten und der Garantiemächte des politisch stagnierenden »Normandie-Formats«.

6. Öl und Gas

Der deutsch-amerikanische Konflikt um die Energiepartnerschaft mit Russland auf dem deutschen und europäischen Energiemarkt und um den wachsenden deutsch-russischen Wirtschaftsaustausch hat eine lange Vorgeschichte. Diese begann ein halbes Jahrhundert vor der heutigen Auseinandersetzung um die Nord Stream-Pipelines und kulminierte in dem 1962/63 von der Regierung Kennedy mithilfe eines NATO-Ratsbeschlusses vom 21.11.1962 gegenüber der Regierung Adenauer erzwungenen »Röhrenembargo«. Die USA unterbrachen damit jahrelang das erste große Geschäft zwischen der Sowjetunion und der deutschen Industrie nach dem Zweiten Weltkrieg: »Zwischen 1959 und dem September 1962 lieferte sie [die deutsche Industrie] 600 000 Tonnen hochwertiger Großrohre nicht nur gegen Devisenzahlungen. Denn im Gegenzug stieg der westdeutsche Ölimport aus der Sowjetunion. Zwischen 1958 und 1962 vervierfachte er sich. In der Bundesrepublik Deutschland steigerte er sich sogar von 0,5 auf 3 Millionen Tonnen. Die US-Konzerne – Sonj, Socal, Socony, Mobil, Gulf, Texaco – waren alarmiert.«[6]

Die vonseiten der USA und der EU gezielt gegen die russische Ölindustrie als Reaktion auf das Vorgehen Russlands auf der Krim und in der Ostukraine gerichteten Sanktionen sind auch in diesem Zusammenhang zu lesen. Das gilt auch für neue Sanktionsdrohungen seitens der USA gegen am Nord Stream 2-Projekt mitwirkende deutsche Unternehmen.

Diesen wirtschafts- und energiepolitischen Hintergrund des Ukraine-Konfliktes erhellt eine Äußerung Leon Panettas.[7] Dieser spricht sich gegenüber Russland für eine Doppelstrategie militärischer und wirtschaftlicher Eindämmung aus, befürwortet Waffenlieferungen an die Ukraine und die Fortsetzung von Wirtschaftssanktionen gegen Russland. »Als letzte Maßnahme fände ich es richtig, wenn die Vereinigten Staaten den russischen Nachbarstaaten Öl und Gas liefern würden, subventioniert, zu fairen Preisen. Wir produzieren ja jetzt eine Menge Energie.«

Einwände von ukrainischer und polnischer Seite gegen Nord Stream 2 sind wegen künftig entfallender Transiteinnahmen und Zugriffsmöglichkeiten auf die Leitungssysteme verständlich, rechtlich jedoch nicht begründet. Das dürfte auch für den wettbewerbsrechtlichen Einwand Polens gelten, durch Nord Stream 2 werde die Verhandlungsposition von Gazprom gegenüber polnischen Abnehmern unverhältnismäßig gestärkt. Der seit 1991 andauernde, in wechselseitiger Zahlungsverweigerung und Lieferblockade kulminierende russisch-ukrainische Gasstreit macht den Ausbau von Nord Stream 2 zum geeigneten Weg, um künftige Konflikte um den Transit russischer Energie nach Europa zu vermeiden.

7. Der große Rückzug und ein neues Bedrohungsszenario

Das Vorgehen der russischen Regierung unter Präsident Putin in Tschetschenien, Georgien und Abchasien, Moldawien, auf der Krim und in der Ostukraine wird vielfach als Zeichen erneuter russischer Aggression und Expansion gesehen, die die Europäische Sicherheitsordnung nach 1990 bedrohe und insgesamt in Frage stelle. Dieses Narrativ lässt sich nur aufrechterhalten, wenn wesentliche Faktoren und die Dimensionen der Vorgänge außer Betracht bleiben.

Nach dem Zusammenbruch der Sowjetunion und der Auflösung des Warschauer Paktes fand von 1991 bis 1994 der Rückzug der Sowjetischen und Russischen Armeen aus der ehemaligen DDR und Osteuropa bis hinter die russische Westgrenze statt. Diese Verlagerung des sowjetischen und russischen Einflussbereichs um rund 2000 Kilometer nach Osten stellt zusammen mit der Vereinigung der beiden deutschen Staaten die größte Machtverschiebung in Europa seit dem Zweiten Weltkrieg dar. In Anbetracht der Dimension und Folgen dieses Vorgangs können die oben genannten regionalen Konflikte und grenzüberschreitenden politischen und militärischen Interventionen Russlands einschließlich des Ukraine-Krieges nicht als Schritte in Richtung auf eine angeblich beabsichtigte »Wiederherstellung des Sowjetimperiums« interpretiert werden, sondern als mehr oder weniger erfolgreiche Versuche, dem Vorrücken der Einflusszonen von NATO und EU durch den Aufbau einer russisch-eurasischen Einfluss- und Sicherheitszone zu begegnen und die seit Längerem vonseiten der USA befürwortete und vorangetriebene NATO-Mitgliedschaft der Ukraine und Georgiens wenigstens zeitweilig zu verhindern.

Dem vielfach behaupteten Bedrohungsszenario fehlt auch die wirtschaftliche und militärische Grundlage. Wenige Zahlen verdeutlichen ein evident ungleiches Kräfteverhältnis. Einer Einwohnerzahl von 510 Millionen der EU und 312 Millionen der USA stehen 144 Millionen in Russland gegenüber. Das Bruttoinlandsprodukt beträgt in der EU 17 578, in den USA 19 390 und in Russland 1 527 Billionen US-Dollar. Der russische Militäretat machte im Jahre 2017 mit rund 66 Milliarden Dollar weit weniger als ein Zehntel der gemeinsamen Militärausgaben der USA (610 Milliarden Dollar) und der europäischen NATO-Länder (285 Milliarden Dollar) aus, Tendenz in Russland fallend, in den NATO-Ländern steigend. Worauf sich nach dem sowjetischen Rückzug bei gleichzeitigem Anwachsen des Territoriums der NATO in Osteuropa seit 1990 um weitere dreizehn Mitgliedstaaten und weiterer Erhöhung der Militäretats der Mitglieder das russische Bedrohungspotenzial stützen soll, bleibt unerfindlich. Fraglich ist angesichts dieses Kräfteungleichgewichts, wie lange Russland den Belastungen einer erneuten Rüstungsspirale ohne massive soziale und politische Friktionen im Inneren gewachsen bleibt. Und ob sich die westliche Hoffnung auf eine »Nach-Putin-Ära« als für die deutsche und europäische Sicherheit gefährlicher Irrtum erweisen könnte.

Aus der Sicht der ostmitteleuropäischen Nachbarstaaten Russlands stellt sich das Bedrohungsszenario teilweise anders dar. Die legitimen Sicherheitsansprüche insbesondere der Baltischen Staaten, Polens und seit 2014 auch der Ukraine gegenüber Russland sind in deren langen historischen Erfahrungen mit der repressiven russischen Hegemonialmacht begründet. Diese neue Ambivalenz der Rolle der osterweiterten NATO als Schutzmacht jener Länder gegenüber Russland, die dieses zugleich als Bedrohung wahrnimmt, lässt sich nur in einer transeuropäischen Sicherheitsordnung unter Einschluss Russlands aufheben.

8. Sanktionen zwischen Recht und Politik

Die USA, die EU und ihre Mitgliedstaaten reagierten auf das Vorgehen Russlands in der Ukraine mit umfassenden wirtschaftlichen und politischen Sanktionsmaßnahmen. Ob diese Form einer Außenpolitik als Strafpolitik gegenüber Russland die Konfliktbewältigung erleichtert oder weiter erschwert, ist eine offene Frage. Und zwar auch dann, wenn man mit dem Europäischen Gerichtshof von 2017[8] derart weitgehende, wegen ihrer exterritorialen Wirkung nach wie vor fragwürdige Eingriffe in die Grund- und Menschenrechte am Konflikt beteiligter, aber auch unbeteiligter Personen und Unternehmen für zulässig hält.

Die Frage nämlich, ob die EU-Organe wie ihr Gerichtshof mit dieser über den Europäischen Rechtsraum hinausgreifenden Entscheidung ihre ausschließlich in diesem Rechtsraum gründende Rechtsmacht überschritten haben, ist mit der Bejahung der gerichtlichen Zuständigkeit noch nicht zweifelsfrei beantwortet. Die rechtliche Zulässigkeitsbehauptung des Gerichts will und kann nichts sagen über die reale Dimension der erheblichen und zunehmenden sozialen und ökonomischen Schadenswirkungen dieser Sanktionspolitik auf Gesellschaft und Wirtschaft in Russland und in Europa, hier vor allem in Deutschland. Ebenso entziehen sich etwaige negative Auswirkungen der Sanktionspolitik auf den Friedensprozess in Europa grundsätzlich richterlicher Beurteilung. Allein für Russland gehen Schadensschätzungen von einem dreistelligen Milliardenbetrag in Euro aus. Zu den Paradoxien dieser Politik gehört, dass ihre negativen Folgen auch die Ukraine treffen.

Sollte sich herausstellen, dass die bisherige Sanktionspolitik zur Zementierung oder gar Verschärfung der Konfliktlage und nachhaltigen Verschlechterung der Lebenssituation und damit der Menschenrechtslage der betroffenen Bevölkerungen statt zur Konfliktlösung beiträgt, so bliebe dieses Ergebnis weiter zu hinterfragen. Dabei geht es um das Spannungsverhältnis von Recht und Politik. Denn dieses stellt sich im internationalen anders als im nationalen Rechtsraum dar, in dem Recht gemeinhin als vollstreckbare Grenze der Politik angesehen wird und wirkt. Im Raum der internationalen Beziehungen verlangt dagegen nicht nur das Legalitäts-, sondern immer auch das Opportunitätsprinzip beidseitigen Interessenausgleichs angemessene Berücksichtigung. Mit der Fortsetzung einseitig auf Russland fixierter, verrechtlichter Sanktionspolitik als »normativer Außenpolitik« bleibt ein solcher Interessenausgleich unerreichbar.

An diesem Punkt zeigt sich eine mit jeglicher Rechtsanwendung grundsätzlich unvereinbare Asymmetrie bisheriger »wertebasierter« Außenpolitik Deutschlands und der EU. Offensichtlich werden Verstöße gegen das Völkerrecht und die rechtlichen und politischen Reaktionen der Internationalen Gemeinschaft und der EU darauf an ungleichen Maßstäben gemessen, je nachdem, ob sie von amerikanischer (oder auch chinesischer) oder von russischer Seite begangen werden: »Nun ist die Anwendung militärischer Gewalt seit vielen Jahren ein regelmäßiges Element der U.S. Außenpolitik«, schreibt Oliver Dörr. »Nicht selten – zuletzt etwa 2003 in Bezug auf den Einmarsch im Irak – war die Rechtswidrigkeit des amerikanischen Handelns offensichtlich.«[9] Von etwaigen Sanktionen der Internationalen Gemeinschaft und ihrer Organisationen oder der EU war und ist weder in diesem noch in zahlreichen anderen Fällen völkerrechtswidrigen Verhaltens der bisherigen Hegemonialmacht USA die Rede. Entsprechendes scheint gegenüber der künftigen Hegemonialmacht China zu gelten.

Die Durchsetzbarkeit internationalen Rechts findet hier ihre Grenzen an der Faktizität von Opportunitätserwägungen internationaler Politik. »Wertebasierte Außenpolitik« kann und will offensichtlich ihren eigenen Anspruch nicht ohne politisch gebotene Ausnahmen, Modifikationen und Rücksichten durchsetzen. Die tatsächliche Geltungskraft des Rechts stößt im internationalen Raum an immanente politische Grenzen.

Aus diesem Hinweis auf die Akzeptanzbedingungen geltender Normen folgt nicht eine generelle Rechtfertigung sicherheits- oder interessenpolitisch motivierter Verletzung internationalen Rechts, wohl aber die Pflicht aller politischen Akteure, auch im Ukraine-Konflikt mit allen Mitteln nach Wegen zur Konfliktentschärfung durch angemessenen Interessenausgleich im Rahmen herrschender Rechtsregeln und bisheriger Rechtsauffassungen und darüber hinaus zu suchen und dabei zwischenzeitliche Lösungen im Sinne zukunftsfähiger politischer Modus-Vivendi-Regelungen zu entwickeln, statt weiterhin auf unvereinbaren (Rechts-)Positionen zu beharren, einer normativen Außenpolitik als Strafpolitik das Wort zu reden oder auf »Regime Change« in Russland oder eine »militärische Lösung« zu warten oder hinzuarbeiten.

III

Russland brauche, so schreibt Klaus Wittmann im *Jahrbuch Innere Führung 2017*, »neues Denken« in seiner Außen- und Sicherheitspolitik. »Der Westen und insbesondere die NATO sollten das durch selbstkritische Anerkennung ihres Teils der Verantwortung für die fortgesetzte Verschlechterung des Verhältnisses in den letzten fast 20 Jahren erleichtern.« Dem ist zuzustimmen. Doch auch der Westen und vor allem die von den USA geführte NATO sowie die EU brauchen »neues Denken«, also ein konkretes Konzept für eine transeuropäische Sicherheits- und Wirtschaftsarchitektur unter Einschluss Russlands und die Bereitschaft zur schrittweisen Verwirklichung dieses Konzepts. Kurz: Europa und Russland brauchen beide dessen Einbindung in einen ihm angemessenen Raum im vielbesprochenen »Europäischen Haus«. Das Fehlen eines solchen Konzeptes hat der damalige Präsident Medwedjew zuletzt vor einem Jahrzehnt mit Recht kritisiert.

Wie schwer »neues Denken« auch in Deutschland fällt, zeigt der heftige Widerspruch, auf den ein Konzept aus der Friedensforschung für einen »Pluralen Frieden« durch »Entideologisierung« und Abgrenzung traf.[10] Dieser Vorschlag läuft auf die Forderung hinaus, sich von der verfehlten normativen Außenpolitik zu verabschieden und den Status quo anzuerkennen, »dass Russland so ist und vorläufig so bleiben wird, wie es ist«. Will die viel betonte »Dialogbereitschaft« mehr als eine Leerformel sein, so verlangt sie vom Westen die Respektierung und institutionalisierte Mitwirkung dieses heutigen Russlands, »wie es ist«, an der Gestaltung künftiger Ost- und Erweiterungspolitik von EU und NATO sowie die Einbeziehung seiner eurasischen Wirtschafts- und Sicherheitsinteressen in einen permanenten transeuropäischen Dialog mit beiden und von russischer Seite die Respektierung der durch erneuerte internationale Rechtsgarantien gesicherten Souveränität und Integrität seiner Nachbarstaaten, insbesondere der Ukraine, und den international kontrollierten Verzicht auf die gewaltsame Durchsetzung seiner legitimen Interessen diesen gegenüber.

Erste Schritte auf dem langen Weg dahin könnten die Entwicklung eines bereits mehrfach vorgeschlagenen, rationalen Ausstiegsszenarios aus den wirtschaftlich und politisch für den Normalisierungsprozess – ungeachtet angenommener rechtlicher Zulässigkeit – kontraproduktiven und daher sinnlosen wechselseitigen Sanktionsregime sein, ferner die Fortführung und Anpassung des russisch-ukrainischen Gasvertragswerks an die Lage nach Inbetriebnahme von Nord Stream 2, sodann die über das bisherige Normandie-Format hinausgehende Internationalisierung des Konfliktkontrollmanagements im Donbass-Konflikt, um der endlichen Implementierung der Minsker Vereinbarungen näherzukommen, zu denen eine Alternative nicht sichtbar ist, und schließlich der Entwurf von Leitlinien für einen auf lange Sicht unverzichtbaren Krim-Vertrag.

Der erforderliche Zeithorizont für diese und weitere Schritte ist nach den Erfahrungen seit Beginn der Neuen Ostpolitik von Willy Brandt und Egon Bahr vor rund einem halben Jahrhundert nicht nach Jahren, sondern wohl eher nach Jahrzehnten zu bemessen.

US-Außenminister James Baker: »Keinen Inch weiter nach Osten«[1] – Die Eskalation des Konflikts mit Russland wurde von den USA und der NATO systematisch betrieben

Von Florian Rötzer

Der neue Konflikt zwischen dem NATO-Westen und der Russischen Föderation reicht bis zum Ende des Kalten Krieges zurück, genau in die Zeit, als sich die Sowjetunion unter Michail Gorbatschow dem Westen öffnete und schließlich unter Boris Jelzin mit dem neoliberalen Crashkurs der Chicago Boys und der daraus folgenden Privatisierung in eine tiefe Krise gestürzt wurde.[2] Während dieser Zeit verarmten große Teile der Bevölkerung, und einige wenige, oft skrupellose Geschäftemacher scheffelten Milliarden, die sie vielfach ins Ausland schafften und selbst gerne nach Großbritannien umsiedelten, wo das russische Geld, egal wie es gewonnen wurde, willkommen war.

Ähnlich machten es Krisengewinnler wie der amerikanische, aus Steuergründen zum Briten gewordene Investor Bill Browder, der sich, nachdem er Russland mit seinem Unternehmen »Hermitage Capital Management« zugunsten von Investoren ausbeutete und reich wurde, zum seiner Ansicht nach größten Gegner Putins erklärte und mit der – vermutlich weitgehend manipulierten – Erzählung über seinen im russischen Gefängnis gestorbenen Steuerberater Sergei Magnitski weltweit antirussische Kampagnen inszenierte. Bislang ist seine Dämonisierung dank der scheinbar überzeugenden Geschichte des aufrechten Whistleblowers gegen das korrupte System Putins nicht nur erfolgreich und wird von zahlreichen Politikern unterstützt, sondern gleichzeitig ein Paradebeispiel dafür, mit welchen Mitteln politische Interessen verfolgt werden. Browder blockierte die Ausstrahlung der investigativen Dokumentation »The Magnitsky Act. Behind the Scenes« (2016) von Andrei Nekrassow durch Arte und verhindert auch weiterhin, dass der Film veröffentlicht wird.

Dort wird ziemlich überzeugend dargestellt, dass die Magnitski-Geschichte zumindest viele Ungereimtheiten hat.

Schon am 18. April 1991 hatte Gorbatschows Berater Valentin Falin diesen in einem Memo gewarnt, dass der Westen die Sowjetunion isolieren wolle. Er schlug ein formales und legal bindendes Abkommen vor, das die sowjetischen Sicherheitsinteressen garantieren sollte. Und er forderte Gorbatschow auf, nicht zu naiv in Anbetracht der amerikanischen Interessen zu sein: »Der Westen spielt uns aus, verspricht die Achtung der Interessen der UdSSR, aber in Wirklichkeit trennt er uns Schritt für Schritt vom ›traditionellen Europa‹.«[3]

Während die Sowjetunion implodierte und Gorbatschow Glasnost und Perestroika einführte, den »Bau eines neuen europäischen Hauses« vorschlug und begann, die Verbrechen und Fehler der Stalinzeit aufzuarbeiten, beendete er 1988 offiziell die Breschnew-Doktrin, sodass die Staaten des ehemaligen Ostblocks ihre eigenen Wege einschlagen konnten, ohne eine Militärintervention fürchten zu müssen, auch wenn es wie in Aserbeidschan und den baltischen Ländern noch zu gewaltsamen Auseinandersetzungen kam.

Damit ging der Kalte Krieg zu Ende, was sich auch daran zeigte, dass Gorbatschow der Wiedervereinigung Deutschlands zustimmte, während sein Einfluss in Russland immer weiter schwand, auch weil der Westen nicht ihn unterstützte und Russland entgegenkam, sondern auf Jelzin setzte, der sich eine Zeit lang besser lenken ließ, die vom kapitalistischen Westen gewünschten »Wirtschaftsreformen« gegen das Parlament durchsetzte und unter dem nicht nur die Rolle des Präsidenten, die heute so gerne beklagt wird, gestärkt wurde, sondern in dem auch das Oligarchensystem entstand. Beides wird mittlerweile Putins Machenschaften zugeschrieben, ist aber das Ergebnis der Interventionen des Westens. Die westlichen Interventionen haben schon oft, letzte Beispiele sind Afghanistan, Irak, Libyen oder Syrien, eben jene Verhältnisse und Kräfte geschaffen, die dann als neue Feinde des Westens auftreten.

Mit der deutschen Wiedervereinigung, gegen die sich sich Großbritannien und Frankreich zunächst vehement stemmten, beginnt bereits der Versuch des NATO-Westens, die Schwäche von Russland, von Gorbatschow und schließlich von Jelzin auszunutzen, um die eigenen Interessen durchzusetzen, allen voran die Einbindung des wiedervereinten Deutschlands in die NATO. Mit Tricks und wahrscheinlich auch wegen eines zu hohen, naiven Vertrauens von Gorbatschow wurden in den Verhandlungen zum Zwei-plus-Vier-Vertrag die Weichen für die NATO-Osterweiterung gestellt, die vom Westen dann Schritt für Schritt unter der »Partnerschaft für den Frieden« verkauft und weiter verfolgt wurde, um den eigenen Einflussbereich in ganz Europa bis an die Grenzen Russlands auszudehnen. Schon 1993 visierte man auch die Integration der Ukraine und sogar von Weißrussland an, Russland sollte von Europa abgespalten werden.

Noch 2001 hoffte der russische Präsident Putin, gerade nach den Anschlägen vom 11. September, auf eine enge Zusammenarbeit mit der EU. Das brachte er in seiner Rede im Deutschen Bundestag klar zu Ausdruck. Doch die amerikanische Reaktion bestand darin, 2002 aus dem ABM-Vertrag auszusteigen und mit dem Aufbau eines Raketenabwehrsystems an der russischen Grenze zu beginnen. Das war ein entscheidender Grund für die Eskalation des Konflikts zwischen Russland und der NATO sowie zum Rüstungswettlauf, auch wenn Washington und die NATO bis heute völlig unglaubwürdig versichern, dies habe nichts mit Russland zu tun.

Die Anerkennung der Unabhängigkeit des Kosovo, der auf die Osterweiterung angelegte NATO-Gipfel in Bukarest, auf dem George W. Bush die Aufnahme von Georgien und der Ukraine – Janukowitsch war damals für den NATO-Beitritt, die Mehrheit der Ukrainer nicht – forcierte, was aber gerade noch, auch durch den Widerstand Deutschlands, scheiterte, der kurz darauf von Georgien angezettelte Krieg 2008 und, nachdem der Westen massiv die Euromaidan-Proteste unterstützt hatte, der Sturz der Janukowitsch-Regierung 2014, einen Tag nachdem im »Normandie-Format« ausgehandelten Übereinkommen für eine friedliche Übergangslösung, waren Ereignisse, die den russischen Sicherheitsinteressen zu nahe kamen und zu militärischen Reaktionen führten.

Da weder von der neuen, im Westen schnell anerkannten und unterstützten ukrainischen Regierung, die sich gleich in einen Krieg gegen als Terroristen bezeichnete prorussische Ukrainer stürzte, ein Dialogangebot kam, wie der unlängst erst verlängerte Vertrag über den Stützpunkt der Schwarzmeerflotte auf der Krim fortgeführt werden könnte, kam es zu der provozierten Reaktion Russlands, auf welche die NATO wiederum mit Sanktionen und Truppenaufstockungen sowie Militärübungen an der russischen Grenze reagierte. Man muss nicht fragen, wie sich die USA nach einer solch langen Geschichte zunehmender Einschnürung verhalten hätten, einer Taktik, die die USA mit ihrer weltweiten Truppenpräsenz im Übrigen auf ähnliche Weise gerade auch mit China versucht.

Kurz gesagt, mir scheint ziemlich offenkundig, dass die amerikanischen Regierungen mit der Hilfe der NATO den Konflikt mit Russland lange vorbereitet und dann Schritt für Schritt umgesetzt haben, auch wenn vielleicht anfänglich darauf gesetzt wurde, dass Russland zu schwach war und sich immer weiter zurückdrängen und einschnüren lassen würde. 2001 kam für die USA der Umstand zugute, dass die Anschläge vom 11. September für bedingungs- und besinnungslose Solidarität der NATO-Länder sorgten, was seitdem mit der Kampagne der Dämonisierung Russlands und Putins weiter vorangetrieben wurde. Die NATO, die sich immer auch als eine Wertegemeinschaft propagiert, aber keine Probleme mit völkerrechtswidrigen Kriegen und Interventionen hat und tatenlos zusieht, wie sich Länder wie die Türkei, aber auch Ungarn und Polen von der Demokratie und dem Rechtsstaat verabschieden, griff dabei, wie man massiv vor dem Irak-Krieg und zuletzt am Skripal-Fall gesehen hat, immer wieder zur Verbreitung von Lügen, unbewiesenen Unterstellungen und Übertreibungen, um Russland zu isolieren und – selbst angesichts der Brüche der transatlantischen Verbindungen durch den Brexit, die Eskapaden Erdogans und Donald Trumps – die Einheit wiederherzustellen und die Aufrüstung, inklusive der Erhöhung der Wehretats und der Wiederaufnahme des atomaren Wettrüstens, zu verstetigen. Ob es Donald Trump gelingt, eine Wende des Verhältnisses zu Russland einzuleiten, ist fraglich. Schon zuvor war Barack Obama am Widerstand der transatlantischen Kreise und des Sicherheits- und Rüstungskomplexes gescheitert, den Aufbau des Raketenabwehrsystems in Polen und der Tschechischen Republik einzustellen.

Man will uns suggerieren, dass wir im demokratischen, freiheitsliebenden Westen durch das Verhalten Russlands – die »russische Aggression« – gezwungen seien, militärische Stärke zu zeigen und uns auf einen Krieg mit Russland vorzubereiten, während die NATO immer versucht habe, den Dialog mit Russland aufrechtzuerhalten und die Beziehungen zu verbessern. So heißt es typisch für die NATO: »Wir suchen nicht die Konfrontation, aber wir können nicht ignorieren, dass Russland internationale Regeln bricht und unsere Stabilität und Sicherheit unterminiert.«[4] Seit 2014, vor allem aber seit dem Präsidentschaftswahlkampf 2017 (und dem Präsidentschaftskandidaten Trump, der zunächst den Geheimdiensten skeptisch gegenüberstand und auf Russland zugehen wollte) wurde der Konflikt mit Moskau noch einmal eskaliert.

Es ist, wie man uns sagt, die Zeit der hybriden Kriege und der Verbreitung von Desinformationen oder Fake News, die gegnerische oder konkurrierende Gesellschaften destabilisieren sollen. Man unterstellt damit eine Amnesie, als wäre die Manipulation der öffentlichen Meinung, was man seit Jahrzehnten als psychologische Kriegsführung bezeichnet, im Verein mit ausgestreuten Gerüchten und nationalen Medien, früher keine geläufige Strategie gewesen und als gäbe es keine Kenntnis mehr von den Zeiten des Kalten Krieges, als der Konflikt zwischen dem kapitalistischen Westblock und dem kommunistischen Ostblock loderte und mit allen, auch geheimdienstlichen und medialen, Mitteln geführt wurde, während jetzt der bröckelnde Westblock, dem unter Donald Trump die USA als Führungsmacht abhanden kommt, mit Russland im Kampf um Einflusszonen liegt.

Dabei geht es nicht mehr, wie einst im Kalten Krieg, um »Links« oder »Rechts«, um Kommunismus oder Kapitalismus, sondern nur noch um wirtschaftliche und geopolitische Interessen. Schließlich ist die Wirtschaftsform in Russland mittlerweile dieselbe wie im Westen, seitdem die Chicago Boys in einer Schocktherapie das alte staatskommunistische Planwirtschaftssystem nach der Perestroika durch Privatisierung zerbrachen. Es geht um Macht, wobei nur noch manche der früheren ideologischen Bruchstücke ein vermeintliches Narrativ des kapitalistisch-demokratischen Guten gegen das einst kommunistische, jetzt diktatorische und korrupte Böse simulieren. Aber diese Simulation einer schicksalhaften Dichotomie ist für viele Menschen bereits nach den Eskapaden des angeblich epochalen Krieges gegen den Terrorismus bereits im Leerlauf gelandet, die suggerierte Alternativenlosigkeit greift immer weniger. Der Kampf der selbst ernannten Guten gegen das Böse hat die Welt nicht besser gemacht, sondern sie nur stärker fragmentiert und polarisiert. Daher greift die mit immer denselben Mitteln von Politikern, sogenannten Thinktanks (die man eher Beeinflussungsorganisationen nennen sollte) und Medien betriebene Konstruktion des bösen Despoten, den Wladimir Putin zu spielen hat, nicht mehr wirklich.

Zu der wachsenden Indifferenz, die einhergeht mit zunehmendem Nationalismus selbst in den traditionellen Einwanderungsländern, die sich als »melting pot« verstanden haben, gehört natürlich auch, dass die simple Aufteilung in zwei sich bekämpfende Blöcke längst Vergangenheit und einer multilateralen Welt mit mehreren Spielern gewichen ist. Das sorgt für Unübersichtlichkeit, schnell wechselnde Allianzen, für ein permanentes Ausspielen von Vorteilen, schwindende Stabilität, flüchtige Deals – kein Zeitalter der Ideologen mehr, die die Welt in »gut« und »böse« einteilen wollen. Eine Wiederannäherung an Russland, wie das auch im Kalten Krieg möglich war, scheint derzeit nur zu dem Preis des inneren Zerfalls der NATO, vielleicht auch der ebenfalls vor allem durch die Osterweiterung erodierenden EU möglich zu sein. Das beschwört die Gefahr neuer Konflikte herauf, die vom Trump-Amerika bereits mit Handelskriegen gefördert werden. Desto wichtiger wären jetzt Versuche, auf multilateraler Ebene aus der Eskalation auszusteigen und Wege zur Kooperation auszuloten. Wahrscheinlich wäre jetzt noch Zeit, solange der offen kühl und machtstrategisch kalkulierende Wladimir Putin noch Präsident ist und die Zügel – wenn auch wenig demokratisch – in der Hand hat. Wie es im Post-Putin-Russland weitergehen wird, ist kaum abzusehen. Es könnte dann aber wirklich gefährlich werden.

Zuhören, annehmen, verstehen – Junge, neue Wege für eine deutsch-russische Verständigung

Von Evgeniya Sayko und André Schmitz-Schwarzkopf

»Russland war, ist und wird die größte europäische Nation bleiben. Die von der europäischen Kultur leidvoll erkämpften Ideale der Freiheit, Menschenrechte, Gerechtigkeit und Demokratie waren viele Jahrhunderte für unsere Gesellschaft maßgebende Wertorientierungen.«

Dieser Satz des russischen Präsidenten aus dem Jahr 2005 ist wie Balsam für die Seele der Europäer, egal, ob in West- oder Osteuropa. In den letzten Jahren werden in Russland jedoch Stimmen lauter, die meinen, dass das Land eigene Werte besitze. Währenddessen definiert sich die europäische Gemeinschaft über einen gemeinsamen Wertekanon.

Die Entfremdung zwischen Russland und Westeuropa wächst, Unverständnis und Misstrauen füreinander werden immer größer, vor allem, wenn von Werten die Rede ist. Die Situation wird dadurch erschwert, dass beide Seiten Unterschiedliches unter Begriffen wie *Demokratie* oder *Menschenrechte* verstehen. Es wird immer schwieriger, bei Gesprächen einen gemeinsamen Nenner zu finden. Es entwickeln sich parallele Narrative, Monologe statt Dialoge, da beide immer weniger die Hoffnung haben, vom anderen wirklich verstanden zu werden. Man redet übereinander statt miteinander.

Die Politik ist in einer Sackgasse gelandet. »Europa durchlebt die schwerste Krise seit dem Ende des Ost-West-Konflikts«, sagte Egon Bahr in seiner letzten Rede in Moskau im Sommer 2015. Umso wichtiger ist es heute, überpolitische Ansätze und Wege aus dieser Krise zu finden, auch auf lange Sicht, mit dem Ziel einer Verständigung der Jugend. Denn der aktuelle Konfrontationsdiskurs betrifft auch diejenigen jungen Menschen, welche die Politik der Zukunft bestimmen werden. Die Konflikte sind auch in deutsch-russischen Jugendvereinen vorhanden, während Lösungsansätze fehlen. Dieser eingeschlagene Weg muss dringend korrigiert werden. In unserer schwierigen Zeit der gegenseitigen Entfremdung werden Jugendbegegnungen, die Brücken für morgen sind, mehr gebraucht denn je, jedoch mit einem anderen Ansatz als bisher. Wir müssen lernen, uns zunächst miteinander zu verständigen, statt gleich einander überzeugen zu wollen.

Oft gehen wir mit dem Ansatz ins Gespräch, den anderen überzeugen zu wollen. Wir möchten die eigene, vermeintlich bessere Ansicht durchsetzen und versuchen, unser Gegenüber zur eigenen Weltanschauung zu konvertieren. Dadurch kann beim Gegenüberstehenden der Eindruck erzeugt werden, wir wollten ihn belehren. Dem sogenannten »Westen« werfen die Russen deshalb oft Arroganz und Überheblichkeit vor. Diese Vorwürfe betreffen insbesondere Diskussionen über Werte, bei denen viele Wörter zu Worthülsen geworden sind. Es ist an der Zeit, sie wieder gemeinsam mit Inhalt zu befüllen.

Entscheidend ist dabei, bewusst und verantwortungsvoll mit Sprache umzugehen. Wir jonglieren oft mit abstrakten und komplexen Begriffen, ohne genau zu klären, was wir damit eigentlich meinen. Das führt manchmal zu Überraschungen, dass gleiche Wörter wie *Demokratie*, *Zivilgesellschaft* oder *Toleranz* von beiden Seiten unterschiedlich ausgelegt werden. »Die Deutschen und Russen sind im Wortgefängnis gefangen«, schrieb vor Kurzem *Die Zeit* und benannte diese Entwicklung als eines der größten Probleme zwischen beiden Ländern.

Auf beiden Seiten herrscht große Enttäuschung: »Ihr seid doch gar nicht so wie wir.« Es ist höchste Zeit, diese Andersartigkeit voneinander zuerst einfach zuzulassen und dann genauer zu schauen, worin die Differenzen eigentlich bestehen. Die vermeintlichen Unterschiede müssen konkret benannt und dadurch dekodiert werden, da Unterschiede auch ein Annäherungspotenzial für die Suche nach Gemeinsamem in sich tragen können. Gleichzeitig kann der Dekodierungsprozess zu dem überraschenden Ergebnis führen, dass man doch gar nicht so verschieden ist, wie man gedacht hat.

Auf dem mühsamen Weg der Verständigung brauchen vor allem junge Leute Unterstützung. Wir müssen ihnen daher dringend geeignete Rahmenbedingungen und Instrumente für diesen Austausch anbieten. Ermutigende Praxisbeispiele sind etwa das *Europäische Jugendparlament* und das Projekt *demoSlam.*

Seit 2004 ist die Schwarzkopf-Stiftung Junges Europa Dachorganisation des Europäischen Jugendparlaments oder European Youth Parliament (EYP) – eines Jugendnetzwerkes in 40 Europäischen Ländern und mit jährlich 30 000 Teilnehmenden in 500 Veranstaltungen. In bunt gemischten internationalen Teams erarbeiten junge Menschen in mehrtägigen Sitzungen konsensbasierte Lösungsvorschläge zu europäischen Fragestellungen. Im Rahmen dieser nonformalen politischen Bildungsplattform erlernen und erleben sie den friedlichen internationalen Dialog auf Augenhöhe. Die Veranstaltungen selbst werden ebenfalls von jungen Freiwilligen des Netzwerkes organisiert, die im gemeinsamen Projektmanagement als internationale Teams – und über die Grenzen zwischen Ost und West, Nord und Süd hinweg – eng zusammenwachsen und deren Freundschaften oft für Jahre erhalten bleiben.

Um über ernste Themen einmal anderes zu reden – vielleicht nicht so verbissen wie gewohnt –, wurde das Format *demoSlam* ins Leben gerufen. Es handelt sich dabei um ein alternatives Dialogformat für die Verständigung über kontroverse und konfliktgeladene Themen. Bei einem *demoSlam* arbeiten die Teilnehmer in deutsch-russischen Paaren ihr Verständnis von komplexen Begriffen wie Patriotismus oder Toleranz aus und stellen Gemeinsamkeiten und Unterschiede ihrer Wertevorstellungen in kurzen gemeinsamen Präsentationen dar, alltagsnah, persönlich und unterhaltsam.

Es geht in erster Linie um eigene Meinungen und Wahrnehmungen der Teilnehmer. Sie sollten nicht im Namen des deutschen oder russischen Volkes, sondern nur für sich selbst sprechen. Das ist für junge Menschen überraschenderweise oft schwieriger, als sich hinter Allgemeinplätzen oder Expertenmeinungen zu verstecken. Aber genau dadurch werden diese abstrakten Begriffe mit Leben gefüllt: genauer, mit dem Leben der Jugendlichen, mit ihren eigenen Erfahrungen, Beobachtungen, selbst erlebten Gesprächen oder Konflikten.

Da es um einen persönlichen Austausch geht, sind auch die Emotionen und Gefühle, die man sonst versucht zu ignorieren, willkommen. So kann man Dampf ablassen (denn die Emotionen und negativen Gefühle verschwinden nicht dadurch, dass man sie ausblendet, sie werden sich trotzdem früher oder später zeigen) und sie kanalisieren. Schließlich darf Humor nicht fehlen, da sich mit ihm einiges entschärfen lässt. Wie der Humor die Grenzen des Akzeptablen verschieben kann, ist schon seit der mittelalterlichen Karnevalskultur bekannt. Deswegen ist beim *demoSlam* auch etwas mehr erlaubt, als bei klassischen Formaten des Austausches wie einer Konferenz oder einem runden Tisch. Kritik, die als Witz oder Anekdote formuliert ist, wird eher angehört, angenommen oder sogar mit einem Lachen aufgenommen als ernste Kritik oder ein Vorwurf.

Das alles hilft, Gespräche anders zu gestalten. Die Einstellung: »Ich will dich nicht zwangskonvertieren, sondern ich möchte dir nur näherbringen, was ich eigentlich meine«, entspricht einem richtigen Dialog auf Augenhöhe. Dies gibt Spielraum für beide Seiten und öffnet Wege für Veränderungen. Denn unsere Ansichten, Wahrnehmungen und Werte sind nicht auf immer und ewig konstant. Sie verändern sich ständig. Die gemeinsame Reflexion auch über die Unterschiede, ihre Dekodierung und Suche nach einem gemeinsamen Nenner führen dazu, dass die *demoSlam*-Teilnehmer aus der Begegnung ein bisschen anders herauskommen, als sie hineingegangen sind.

Wir müssen heute neu lernen, uns zu verständigen, Rahmen und Form, die angemessene »Verpackung«, finden, um eigene Ansichten näherzubringen, sie so zu formulieren, dass der Andere das akzeptieren und nachvollziehen kann. Dies soll aber längst noch nicht heißen, dass diese übernommen werden müssen. Denn *verstehen* ist nicht gleich *einverstanden sein*.

Gerade heute brauchen wir möglichst viele solche Jugendbegegnungen und Gesprächsforen wie das *Europäische Jugendparlament* oder *demoSlam*, wo man den Dialog auf Augenhöhe führen kann: respektvoll, offen und mit der Bereitschaft, andere Meinungen zuzulassen. Der Ansatz, den anderen nicht sofort überzeugen zu wollen, sondern sich erst zu verständigen, hilft uns, uns richtig kennenzulernen, zu erfahren, wer wir eigentlich sind und mit wem wir es zu tun haben. Wäre vielleicht das ein Weg aus der Sackgasse?

Vom »Liberalen« zum »Pluralen« Frieden – Plädoyer für eine neue Entspannungspolitik

Von Hans-Joachim Spanger

Die Beziehungen zwischen Russland und dem Westen befinden sich in einer tiefen Krise, die vielen Beobachtern wie eine Fortsetzung des Kalten Krieges erscheint. Wie damals birgt der Konflikt erhebliche Gefahren. Sein latent hohes Spannungsniveau kann sich schnell und dramatisch verschärfen; der Skripal-Fall ist ein ebenso plastisches Beispiel wie die großflächige amerikanische Sanktionspolitik, die ein Moskauer Kollege treffend mit dem Begriff des »Carpet Bombing« versehen hat.

Warum innerhalb kurzer Zeit eine enge und für beide Seiten fruchtbare Beziehung in einen derart tiefen Konflikt umgeschlagen ist, gibt Rätsel auf. Rationale Kosten-Nutzen-Kalküle versagen hier.

Erklärungsversuche

Die Erklärung erfordert einen Blick in die Vorgeschichte, denn es besteht Einigkeit, dass sich in der aktuellen Krise lange aufgestaute Spannungen entladen haben. Umstritten sind dagegen deren Ursachen. Auf der russischen Seite werden in großer Übereinstimmung der Westen und seine verfehlte Politik der NATO- und EU-Erweiterung verantwortlich gemacht. Sie verfolgte das Ziel, Russland an den Rand und aus Europa herauszudrängen. Dabei wird keineswegs in Frage gestellt, dass es einst einen gemeinsamen Aufbruch gegeben hat, der seinen Niederschlag etwa in der Pariser Charta für ein Vereintes Europa der KSZE von 1990 fand. Begriffe wie »strategische Partnerschaft« und »Modernisierungspartnerschaft« unterstreichen dies. Doch schon früh und spätestens seit Mitte der 1990er-Jahre –

also geraume Zeit vor Putin – regte sich in Moskau Unbehagen darüber, dass damit allzu oft ein paternalistisches Verhältnis umschrieben wurde und von einer gleichberechtigten Partnerschaft mit Moskau keine Rede sein konnte. Dessen Mitwirkungsansprüche wuchsen im gleichen Maß, wie sich Russland seit 2000 von den Transformationswirren befreite, bis hin zu offener Konfliktbereitschaft, die sich erstmals 2008 im Krieg gegen Georgien und dann massiv 2014 im Ukraine-Konflikt manifestierte. Seither bezieht Moskau getreu dem Skript der Theorie des politischen Realismus sein Selbstverständnis und Selbstbewusstsein als Großmacht aus der Abgrenzung vom Westen, im eigenen Verständnis die Bilanz enttäuschter Kooperationserwartungen.

Im Westen werden dagegen ganz überwiegend die Ursachen der aktuellen Konfrontation in Putins autoritärer Wende verortet, die zu ihrer innenpolitischen Absicherung eines außenpolitischen Gegners bedürfe. Auf eine kurze Formel gebracht: Die Lage ist bedrohlich, weil Russland bedrohlich ist. Dazu werden die aus dem Diskurs des liberalen Internationalismus vertrauten systemimmanenten Gründe zitiert, die sich zu einer Bilanz der enttäuschten Transformationserwartungen verdichten. Nach westlicher Lesart sind folglich die Beziehungen zwischen Russland und dem Westen eine Geisel der russischen Innenpolitik – was allerdings in der Ära Trump nicht minder für die USA gilt mit ebenso gravierenden Konsequenzen.

Diese Wahrnehmung kann insofern nicht verwundern, als die westliche Politik gegenüber Russland nach 1990 einer Strategie folgte, die sich als »Liberaler Frieden« bezeichnen lässt. Sie setzte auf Transformation und Integration – verstanden als Anpassung an die liberalen Normen und Ordnungsvorstellungen des Westens unter Einschluss einer zumindest partiellen Integration Russlands in die liberalen Institutionen. Diese geschah beim Europarat relativ schnell, dauerte bei der WTO bald zwei Jahrzehnte, ist bei der OECD bis heute nicht erfolgt und wurde bei EU und NATO nie ernsthaft erwogen. Am Beginn standen mit der Pariser Charta der KSZE die gemeinsam verabschiedeten Normen, die der Transformation Adressaten und Richtung vorgaben.

Damit waren jedoch fatale Nebenwirkungen verbunden, denn dem Dogma des »Liberalen Friedens« verdankt sich, warum der Westen russische Einwände, Sicherheitsbedürfnisse und Statuswünsche nonchalant ignorierte und selbst die Ausdehnung der westeuropäischen Institutionen bis an die russische Grenze als Win-win-Strategie präsentierte, obwohl Moskau in ihnen bestenfalls ein Platz in der zweiten Reihe angeboten wurde. Hier wirkte der »Liberale Frieden« autosuggestiv: Weil die liberale Ordnung der Pariser Charta als richtig und alternativlos galt (und gilt), musste (und muss) die Erweiterung von NATO und EU im wohlverstandenen Interesse Russlands liegen. Jede Opposition dagegen war entweder nicht ernst zu nehmen oder zeugte von einer malevolenten Grundstruktur Moskaus.

So unterschiedlich die Lesarten, in einem Punkt stimmen beide Seiten überein: Die jeweils andere Seite trage die alleinige Verantwortung. Eine Ausnahme macht hier nur Donald Trump, der im Vorfeld des Helsinki-Treffens mit Wladimir Putin im Juli 2018 seinen Vorgängern im Amt den Vorwurf machte, allein für die schlechten Beziehungen verantwortlich zu sein, was entgegen der bisherigen westlichen Lesart Russland vollständig exkulpierte. Das aber zeugt nur von der irrlichternden »Fake Diplomacy« des amtierenden amerikanischen Präsidenten, der damit das Kunststück fertigbrachte, in seiner Russlandpolitik genau das Gegenteil von dem zu erreichen, was er als Ziel behauptete.

Worum geht es dem »Pluralen Frieden«?

Der Grundgedanke ist einfach und leitet sich aus den Widersprüchen und fragwürdigen Erfolgsaussichten des »Liberalen Friedens« ab: Da der Anspruch, Frieden durch die sukzessive Angleichung normativ unterschiedlicher Staaten erreichen zu wollen, zu wachsenden Friktionen geführt hat, soll alternativ Frieden durch Anerkennung normativer Differenz und Abgrenzung gesichert und dadurch der Kooperation eine neue stabile Grundlage verschafft werden.

Das Paradigma des »Pluralen Friedens« erkennt an, dass Russland so ist und vorläufig so bleiben wird, wie es ist, und dass dennoch gedeihliche, das heißt zunächst und in erster Linie friedliche, darüber hinaus aber auch kooperative Beziehungen mit diesem normativ Anderen anzustreben sind. Die einzig denkbare Alternative wäre eine Politik der Isolation und des Regimewechsels.

Das knüpft an die Entspannungspolitik der 1970er-Jahre an, deren Ziel und Chance darin bestand, (fundamentale) Differenz nicht durch Konfrontation in Frage zu stellen und dadurch faktisch zu zementieren, sondern diese anzuerkennen, um sie sukzessive zu überwinden. Und sie passt diese den heutigen Verhältnissen an, die sich durch ein weitaus komplexeres Muster von Abgrenzung und Interdependenz auszeichnen.

Zwei Argumente werden regelmäßig gegen eine Reaktivierung der Entspannungspolitik ins Feld geführt. Zum einen der aus der Bürgerrechtsbewegung bekannte Vorwurf, bei der Entspannung habe es sich um eine staatsfixierte Politik gehandelt. Es drohe daher eine Wiederholung der sozialdemokratischen Fehler aus den 1980er-Jahren, die den scheinbar stabilen Status quo bewahren wolle und damit auch das autoritäre Regime in Russland legitimiere. Das wirft die Frage auf, mit wem die westlichen Regierungen eigentlich verhandeln sollen, ignoriert die Freiräume und Legitimationszwänge, die für die besagten Bewegungen erst durch die Entspannung geschaffen wurden (Stichwort: Helsinki-Komitees) und legt den Verdacht nahe, dass die Antwort auf die aktuelle Krise letztlich doch eine Beförderung des Sturzes Putins, also Regime Change ist. Das zweite Argument läuft auf eine nachträgliche Verniedlichung der Sowjetunion hinaus, die im Unterschied zum heutigen Russland territorial saturiert und deshalb ein geeigneter Verhandlungspartner gewesen sei – eine These, die sowohl die sowjetische Rolle in Afrika und Afghanistan als auch die Nachrüstungsdebatte nonchalant unterschlägt.

Es gibt folglich nur geschichtsvergessene und insoweit unplausible Argumente, die den Grundgedanken einer erneuerten Entspannungspolitik entwerten – die Anerkennung der politischen Realitäten zum Ausgangspunkt zu nehmen und nicht deren hartnäckige

Verleugnung. Entspannung heißt aber auch Kompromiss, und das scheint vielen ein Gräuel. Ihr Diktum: Ein solcher Kompromiss ist mit Moskau weder möglich noch erstrebenswert. Daraus jedoch einen systemimmanenten Determinismus zu konstruieren und den Westen aus seiner Mitverantwortung für die aktuelle Krise zu entlassen, führt in die Irre einer reaktiven Konfrontationspolitik.

Was folgt daraus praktisch?

An die Adresse der Berliner Entscheidungsträger gewandt, fordert der »Plurale Frieden« in der Logik der Entspannungspolitik folglich Anerkennung statt Verweigerung. Er verbindet Dissoziation in jenen Bereichen, die sich als besonders konfliktträchtig erwiesen haben, mit einer Vertiefung der bestehenden Interdependenzen, die gemeinsamen Regeln zu unterwerfen sind. Die Vertiefung der wirtschaftlichen und zwischenmenschlichen Beziehungen wirft insofern die geringsten Probleme auf, als jenseits der aktuellen Russomania in den USA zumindest in Europa beide Seiten prinzipiell daran interessiert sind.

Der schwierigere und kontroverse Part umfasst operativ eine Bekräftigung der konstitutiven Völkerrechtsnormen, deren Verletzung sie zwar beschädigt, aber nicht beseitigt – im Übrigen nicht nur auf der Krim, sondern auch im Irak, also auf beiden Seiten. Das hat Implikationen auch für die Sanktionspolitik im Ukraine-Konflikt. Während die Sanktionen im Fall der Krim aufgrund der flagranten Verletzung des Völkerrechts statusabhängig auf Dauer zu stellen sind, ist zu raten, die Donbass-Sanktionen aus einem Instrument der Bestrafung in eines der Anreize für Fortschritte im regionalen Konfliktmanagement zu verwandeln. Hier haben die wechselseitigen Sanktionen zu einem suboptimalen Gleichgewichtszustand und zu einer Wagenburgmentalität geführt, die Fortschritte eher blockieren als befördern.

Ferner verlangt der »Plurale Frieden« Vertrauen auf die Wirkung des guten Vorbilds statt eines offensiven Demokratieexports, denn die politische Auseinandersetzung um die politische Ordnung wird primär innergesellschaftlich entschieden und zuletzt auf zwischenstaatlicher Ebene. Es stehen folglich nicht die Werte in Frage, sondern deren umstandslose Inanspruchnahme als Ziel und Mittel der internationalen Politik. Damals wie heute erfordert ein solcher Ansatz zunächst eine Entideologisierung der Politik.

Schließlich ist im Unterschied zur klaren Grenzziehung, die seinerzeit die Entspannung einleitete, eine einvernehmliche Regelung des Umgangs mit jenen Staaten gefordert, die sich in der Konfliktzone zwischen Russland und der EU befinden. Bisher erklärte der Westen die Bündnisfreiheit dieser Länder für nicht verhandelbar, sonst drohe ein neues Jalta. Konfliktvermeidung und Kooperation setzen jedoch voraus, auch das russische Beharren auf sicherheitspolitische Mitsprache in seiner Interessensphäre zu akzeptieren und in die Gestaltung der Ost- und Erweiterungspolitik der westlichen Organisationen einzubeziehen. Eine Position, die diesen Ländern vollumfängliche Mitsprache bei der Erweiterung einräumt, Russland aber ausschließt, widerspricht nicht nur dem europäischen Einheitsgedanken der Pariser Charta und zeigt, dass die Rede vom freien und ungeteilten Europa nicht ernst genommen wird. Es würde auch dem Prinzip der vorausschauenden Klugheit zuwiderlaufen: Weder ist der Westen in der Lage, die Spannungen zu kontrollieren, die aus der Verletzung russischer Sicherheitsinteressen resultieren, noch bergen solche Spannungen für die betroffenen Staaten und namentlich die Ukraine einen erkennbaren Vorteil. Will man Spannungen abbauen und nicht verschärfen, kann die Wahrnehmung und Regelung der Konflikte im fraglichen Raum weder allein durch das Prisma Kiews noch allein durch das Prisma Moskaus erfolgen.

Angesichts des fehlenden Vertrauens sind die skizzierten Veränderungen nur in einem langwierigen Annäherungsprozess vorstellbar. Vertrauen wiederherzustellen, ist ungleich aufwendiger als dessen Zerstörung. Dieser Prozess setzt nicht nur einen kontinuierlichen Dialog voraus, sondern auch Zurückhaltung in akuten Konflikten

(Stichwort Skripal) und Zusammenarbeit in jenen Bereichen, in denen die Interessen beider Seiten übereinstimmen (Stichwort Iran). Bewährt sich dies, kann schließlich im obigen Sinne an einem umfassenden Kooperationsansatz gearbeitet werden, für den bereits der Begriff »Helsinki 2« geprägt worden ist.

Egon Bahr – Eine unbestrittene Autorität

Von Antje Vollmer

Das Erstaunlichste an Egon Bahr war, dass er eine Autorität im Denken, Urteilen und Handeln ausstrahlte, die auch seine größten Kritiker nicht anzutasten wagten. Sie mussten diese Autorität einfach anerkennen und hinnehmen.

Henry Kissinger hat das ziemlich unverblümt in seiner sehr persönlichen Rede bei der Trauerfeier für Egon Bahr ausgesprochen. Er erinnerte sich genau, wie skeptisch, ja misstrauisch und ablehnend die damals politisch Verantwortlichen in Washington anfangs der Neuen Ostpolitik von Willy Brandt und Egon Bahr gegenübergestanden hätten. Das sei aber in langen, immer vertraulichen Gesprächen zwischen ihm und Bahr mit der Zeit vollständig überwunden worden und zu einer Haltung von großem gegenseitigem Respekt, ja freundschaftlichem Vertrauen verwandelt worden. So habe gerade Egon Bahr ihn am Ende überzeugen können, dass es in Wahrheit gar keinen Widerspruch zwischen dem Wunsch der Deutschen nach Überwindung des Eisernen Vorhangs und einer deutschen Wiedervereinigung und den eigenen geopolitischen Interessen der USA gäbe. Dafür aber – so Bahr – müsse man intensiv und vertrauensbildend mit der Sowjetunion und ihren Führern reden, ob sie einem nun passten oder nicht. Das sei visionäre Realpolitik.

Vertrauen schaffen, Diskretion absolut einhalten, die Interessen der anderen Seite kennen und ernst nehmen, persönlich absolut verlässlich und berechenbar sein, sich viel Zeit für das gegenseitige Verständnis nehmen – das waren die Markenzeichen der diplomatischen Genialität des Egon Bahr. Sie unterscheiden sich völlig von den Sitten und Gebräuchen der aktuellen »diplomatischen« Kommunikation zwischen westlichen Staaten und Russland, wo entweder weltweit lesbar getwittert und geschurigelt wird (Trump) oder kurz telefoniert und dann über Pressesprecher verkündet wird, was von der russischen Seite aktuell einzufordern sei (Merkel), oder gleich per Pressestatement verlautbart wird, welche Moral der russischen Seite abzuverlangen sei, bevor man gnädigerweise mit dem Dialog beginnen könne (Maas).

Egon Bahrs diplomatischer Stil stand aber auch zur Zeit seiner politischen Tätigkeit diametral zu den herrschenden Regeln einer Diplomatie unter den ehernen Gesetzen des Eisernen Vorhangs. Als oberstes Gebot für Emissäre galt nämlich: »Nicht fraternisieren!«, immer darauf achten, dass auf der Gegenseite der Geheimdienst tätig ist! Sich im fremden Land ständig fühlen und verhalten wie in Feindesland! Persönliche Kontakte meiden und immer die Interessen des eigenen Landes im Auge behalten!

Egon Bahr war in der Missachtung dieser Berufsregeln völlig angst- und schwindelfrei. Er wusste zu genau, was er erreichen wollte. Er wusste, dass er nicht korrumpierbar und jedem Gesprächspartner intellektuell gewachsen war – und dass ihn keiner über den Tisch ziehen konnte, weder im Westen noch im Osten. Seine berühmten vertraulichen »Kanäle« hatten natürlich – davon ging er aus – auf jeder anderen Seite Geheimdienste und verdeckt agierende Personen am Draht. Er fürchtete und verachtete keinen von ihnen, er brauchte sie ja, um seine Mission auch durch deren möglichen Widerstand hindurchzubringen. Er liebte keine diplomatischen Posaunen und Fensterreden, aber er hatte eine sichere Intuition für den Weg, der manchmal mitten durch vermintes Gelände ging.

Übrigens war er seinen Gesprächspartnern aus dieser risikoreichen Zeit der Verhandlungen dauerhaft verbunden. Als etwa Walentin Falin in den turbulenten Jahren nach dem Zusammenbruch der Sowjetunion in persönliche Schwierigkeiten kam, lud er ihn nach Hamburg ein. Er hatte sein eigenes Urteil über Personen und blieb denen, die ihm bei seiner schweren Grenzgängerei geholfen hatten, immer loyal verbunden. Der Zeitgeist und dessen Erregungen interessierten ihn nicht.

Die Sicherheit, mit der er seine Methode verfolgte, war am Ende sogar ein Schutz und eine Immunisierung für ihn selbst. Sogar in den wildesten Zeiten der Stasi-Jägerei in der deutschen Nachwendezeit hat es keiner gewagt, die Autorität und Integrität eines Egon Bahr anzuzweifeln. Dabei wurde damals – besonders gern von der Springer-Presse – fast alles in Frage gestellt und historisch umgedeutet, sogar die Berechtigung und Wirksamkeit der Ost- und Entspannungspolitik von Willy Brandt oder die Eigenständigkeit der Friedensbewegung. Bahr war einfach nicht erreichbar für diese kleinen Jagden und ihre noch kleineren Jäger.

Einmal aber hat er sich doch getäuscht. Dazu muss ich kurz an den Anlass erinnern. Es war im Juni 2015. Wilfried Scharnagl, ehemaliger Chefredakteur des *Bayernkurier*, hatte ein Buch geschrieben: *Am Abgrund. Streitschrift für einen anderen Umgang mit Russland*. Der Verleger hatte für die Vorstellung des Buches in Moskau Michail Gorbatschow und Egon Bahr gewonnen. Bahr freute sich sehr auf die Begegnung mit Gorbatschow, auf dem Hinweg trank die kleine Gruppe der Mitreisenden auf seine verschmitzte Veranlassung hin ein Glas Champagner mit ihm und seiner Frau (»Wir schaffen das schon«). Noch vor dem offiziellen Teil traf er Gorbatschow persönlich und machte sich große Sorgen um den Freund: »Der ist sehr krank und müde.« Er machte sich auch Sorgen um Helmut Kohl, von dem er gehört hatte, es ginge ihm gar nicht gut. Falls es eine Todesmeldung gäbe an diesem Abend, wollte er, noch von Moskau aus, ein paar Worte des Dankes und des Respekts sagen, denn es sei entscheidend gewesen, dass am Ende Helmut Kohl die Entspannungspolitik und das Konzept der Gemeinsamen Sicherheitsarchitektur für Europa hochgehalten habe. Die deutschen Medien glänzten überwiegend in Abwesenheit bei diesem letzten, legendären Treffen von Bahr und Gorbatschow. Eine Ahnung von letzten Worten lag im Raum.

Trotz seiner Gebrechlichkeit stand Gorbatschow aufrecht am Pult und warb leidenschaftlich für ein Ende der Eiszeit zwischen Russland und Deutschland. Die großartige letzte Rede von Egon Bahr zu diesem Thema ist in diesem Band enthalten und, wie immer bei ihm: Jedes Wort war druckreif, klar, genau in der Analyse und in der Perspektive. Und was ihn besonders freute: Zum ersten Mal seit langer Zeit wurde die Botschaft Gorbatschows breit in den russischen Medien aufgenommen.

Dass er, der Fontane-Liebhaber, wenige Wochen danach bei einem Sommerspaziergang am Stechlinsee mit seiner Frau Adelheid als erster von diesen drei Architekten der deutschen und europäischen Einheit sterben würde, hat er nicht gewusst und nicht geahnt. Er sorgte sich nicht um seine eigene begrenzte Lebenszeit. Die letzten Tage sorgte er sich zu sehr um den Bestand seines kostbaren politischen Erbes. Er sah es in Gefahr.

»Ich kann diese Verlogenheit nicht mehr ertragen«

Von Konstantin Wecker

Vor vier Jahren hat sich endgültig ein Phänomen etabliert, das man als »zweiten Kalten Krieg« bezeichnen könnte. Kanzlerin Angela Merkel hat Präsident Wladimir Putin damals vorgeworfen, mit der »unakzeptablen russischen Intervention auf der Krim gegen das Völkerrecht verstoßen zu haben«. Der US-Präsident Barack Obama unterstrich in einem Telefonat mit der Kanzlerin, dass die russische Intervention in der Ukraine »absolut unrechtmäßig« sei. Zuvor hatte bereits US-Außenminister John Kerry Russland vorgeworfen, gegen das Völkerrecht zu verstoßen.

Teilweise musste ich – obwohl kein Freund der NATO-Politik – den Kritikern recht geben. Mir schnürte es das Herz zu, als ich sah, wie die wenigen mutigen Pazifisten in Russland bei ihrer Demonstration für den Frieden verhaftet und vermutlich für lange weggesperrt wurden. Was ich allerdings unerträglich fand, war, dass die Kanzlerin alle Verstöße der USA oder der NATO gegen das Völkerrecht anscheinend völlig in Ordnung fand. Bis heute habe ich zumindest keinen auch nur irgendwie ähnlich gearteten Vorwurf in dieser Richtung von ihr gehört.

Mit ihrem Krieg gegen Jugoslawien ohne UN-Mandat haben die NATO-Staaten das Völkerrecht gebrochen und dabei die Öffentlichkeit manipuliert. Und das ist nur ein Beispiel von vielen. Der Militärschlag der Vereinigten Staaten und ihrer Verbündeten gegen das Regime von Saddam Hussein gilt bei vielen deutschen Völkerrechtsexperten für unzulässig. Ich kann mich nicht erinnern, dass Merkel George W. Bush für diesen ungeheuerlichen Krieg jemals gemaßregelt hätte. Für Barack Obama empfand ich ja lange gewisse Sympathien. Wer aber mit Drohnen Tausende von Verdächtigen und

Zivilisten als Kollateralschaden ohne Gerichtsverhandlung ermordet, hat meiner Ansicht nach jede Berechtigung verloren, anderen Staatspräsidenten Belehrungen über internationales Recht zu erteilen. Es ist wahr, es müssen alle diplomatischen Versuche unternommen werden, einen Krieg zu verhindern. Ich bin und bleibe Pazifist, und keiner soll mir je unterstellen, ich hätte Sympathien für das System Putin. Aber ich kann diese Verlogenheit nicht mehr ertragen. Glauben Sie, Frau Merkel hätte sich nur eine Sekunde aus dem Fenster gelehnt, wenn die Vereinigten Staaten sich das Recht herausgenommen hätten, in welchem Land auch immer das Militär zum Schutz amerikanischer Bürger einzusetzen? Genauso lautet die Rechtfertigung Putins für seinen Aufmarsch.

Viele meiner Freundinnen und Freunde sind bei ihren Versuchen, gegen die völkerrechtswidrigen Kriege der NATO und der USA zu demonstrieren, ähnlich martialisch verhaftet worden wie die Friedensfreunde in Russland. Das moralische Aufheulen unserer Politiker gegen Russland ist Heuchelei. Ich empfinde Solidarität mit den Pazifistinnen und Pazifisten in der Ukraine, in Russland, in den USA und in Europa. Solidarisch mit unseren politischen Führern kann ich nicht sein.

Man schimpft mich »Putin-Versteher«? Ja, gerne, das bin ich. Aber wer so gern mit Schimpfworten um sich schlägt, sollte sich halt auch in der Semantik etwas auskennen. Ein Versteher ist kein Liebhaber, kein Bewunderer, kein Fan, kein Verehrer. Es kann auch ein Volltrottel sein, den man versteht. Ein Versteher versucht zu verstehen. Nicht mehr, nicht weniger. Wie kann so ein Wort ein Schimpfwort werden? Ich bin genauso wenig »Putin-Freund«, wie ich im Irakkrieg »Hussein-Freund« war. Ich bin ein Freund des Friedens und ein Verfechter der Gewaltlosigkeit.

Mein leidenschaftliches Bekenntnis zum Pazifismus wird gerne als »naiv« oder »unrealistisch« verspottet. Aber was sei naiv an solchen Wünschen, schrieb Arno Gruen in seinem Buch *Ich will eine Welt ohne Kriege*. Was bitte sei lächerlich daran, sich eine Welt ohne Gewalt vorzustellen? »Warum wird ein von Liebe bestimmtes menschliches Zusammenleben verächtlich als naiver Traum abgetan?«

»Der Pazifismus hat Auschwitz erst möglich gemacht«, behauptete Heiner Geißler vor über 30 Jahren im Bundestag. »Wir Deutsche«, verkünden seit dem rot-grünen Antrittsbesuch in Washington die ideologisch führenden Köpfe in den Reihen sogar der Grünen, »haben gelernt, dass wir von Hitler nur durch Krieg befreit werden konnten.« »Nie wieder Ausschwitzt«, fügte Joschka Fischer hinzu, als sei der Eintritt der USA in den Zweiten Weltkrieg je mit dem Ziel erfolgt, den Genozid der Nazis an der jüdischen Bevölkerung zu verhindern.

Man ist gut beraten, den großen Denker und Pazifisten Eugen Drewermann zu diesem Thema zu befragen: »Fragen wir, um Hitler zu widerlegen, nur einmal so: ›Was wäre passiert, wenn man 1918, am Ende des Ersten Weltkrieges, gesagt hätte: Nach dem Zersprengen, Zerfetzen, Zerstechen, Zerschießen und Vergasen von mehr als zehn Millionen Menschen kann es diesseits und jenseits der Front keine Sieger mehr geben. Wir alle haben unsere Menschlichkeit in den Schützengräben und unter dem Stahlhelm verloren, als wir glaubten, in den Fabriken des Todes Menschlichkeit, Freiheit und Kultur verteidigen und durchsetzen zu können. Wir alle sind im Krieg zu Verbrechern geworden.‹ Hätte man so gesprochen, der Mann aus Braunau wäre nie etwas anderes geworden als Postkartenmaler in Wien. Der Pazifismus hätte Hitler verhindert; einzig der Pazifismus. So aber wollten die einen gesiegt und die anderen nicht verloren haben. So begann der Weg in das blutigste Jahrhundert, das die Menschheit je gesehen hat. Hat die Menschheit das unsägliche Leid der beiden Weltkriege schon wieder vergessen?«

Albert Einsteins Aufruf *An die Europäer* ist das erste politische Dokument, das von ihm mitverfasst und -unterschrieben wurde. Es verdeutlicht, dass Einstein auch in politischen Fragen gegen den Strom schwamm, anstatt sich, wie viele seiner Kollegen, vom Strudel militaristischer und chauvinistischer Gefühle mitreißen zu lassen.

Und es ist kein Wunder, dass Krieg und Militär Gegenstand seiner ersten politischen Äußerung sind; sie verachtet er mit mindestens ebenso großer Emotionalität, wie sie von anderen verherrlicht werden:

»… komme ich auf die schlimmste Ausgeburt des Herdenwesens zu reden: auf das mir verhasste Militär: Wenn einer mit Vergnügen in Reih und Glied zu einer Musik marschieren kann, dann verachte ich ihn schon; er hat sein großes Gehirn nur aus Irrtum bekommen, da für ihn das Rückenmark schon völlig genügen würde. Diesen Schandfleck der Zivilisation sollte man so schnell wie möglich zum Verschwinden bringen. Heldentum auf Kommando, sinnlose Gewalttat und leidige Vaterländerei, wie glühend hasse ich sie, wie gemein und verächtlich erscheint mir der Krieg; ich möchte mich lieber in Stücke schlagen lassen, als mich an einem so elenden Tun zu beteiligen …«

Ich bleibe dabei – zum Pazifismus gibt es keine Alternative!

Martin Luther King schrieb einmal: »Kriege sind schlechte Werkzeuge, um ein friedvolles Morgen zu beginnen.« Und wenn ich mich so quer durch die gängigen Medien informiere, beschleicht mich das dumpfe Gefühl, als würden einige der ach so klugen Köpfe der hohen Politik und in den hoch angesehenen Redaktionen mit dem Gedanken spielen, sich eventuell wieder dieser schlechten Werkzeuge zu bedienen.

Ich kann mich des schrecklichen Verdachts nicht erwehren, dass manchen der Gedanke an einen möglichen Krieg insgeheim vielleicht näherliegt als die Bereitschaft zur Versöhnung. Die Medien tun ja auch viel dazu, diese Haltung zu unterstützen. Und unsere mitgefühlfreie und sinnentleerte Leistungsgesellschaft hat das in unseren Herzen schon lange vorbereitet.

Es wird auf allen Seiten gelogen, keine Frage. Und nein, die Friedensbewegung himmelt Herrn Putin nicht als aufrichtigen Heilsbringer an. Es gibt viele Gründe, ihm zu misstrauen. Nur bitte, was wollen die Bellizisten mit ihrem »Jetzt zeigen wir's dem Putin aber mal kräftig!« eigentlich erreichen?

Wer von diesen Kriegstreibern zieht denn schon persönlich in den Krieg? Wirtschaftsbosse, Politiker, wild gewordene Rentner, Frau Merkel, Frau von der Leyen, Herr Steinmeier – wo werden sie sein, wenn es kracht? Ja, natürlich, sie sind ja zu wichtig, um sich selbst in Gefahr zu bringen. Da gefährden sie schon lieber ihre Bürgerinnen und Bürger.

Am Ende geht es doch wieder darum, wie zu allen Zeiten, »unsere Jungs und Mädels« in die Schlacht zu schicken, denn verrichten sollen das blutige Geschäfte stets die anderen. Ich verachte all jene zutiefst, die immer so gerne andere für ihr einseitiges Weltbild opfern, eher habe ich dann schon Respekt vor denen, die bereit sind, selbst den Kopf hinzuhalten. Auch wenn ich es nicht für richtig halte. Meistens sind die größten Kriegstreiber alte Männer, und der Verdacht liegt nahe, dass sie sich an der Jugend rächen wollen. Rächen für die Lebendigkeit, die ihnen verloren gegangen ist.

Milliarden haben die Westmächte investiert in die sogenannte »Demokratisierung« der Ukraine. Gemeint ist natürlich die Öffnung des Marktes für Kapitalinteressen und die Sicherung der NATO-Ostgrenzen. Und ebenso hat natürlich Putin die Hand im Spiel, wenn es um die Sicherung seiner Märkte und Grenzen geht. Glaubt denn wirklich noch irgendein aufgeklärter Mensch, dass es um Demokratie geht, für die wir streiten, kämpfen und bomben?

Der Ukraine-Konflikt lässt in Deutschland die Angst von einem neuen Krieg hochkommen: Nach einer Umfrage der ARD fürchten 72 Prozent der Befragten eine Eskalation der Situation. War es nicht immer schon so? Die Menschen wollen keinen Krieg, man muss ihn mit gezielten Lügen und einer beispiellosen PR-Maschinerie vorbereiten. Denn bevor das Wirtschaftssystem restlos zusammenbricht und eine Revolution droht, wollen die Machthaber lieber weiter Geld verdienen. Mit Kriegen. Und Lügen. »Ich dachte immer, jeder Mensch sei gegen den Krieg, bis ich herausfand, dass es welche gibt, die dafür sind, besonders die, die nicht hineingehen müssen«, sagte Erich Maria Remarque einmal.

»Wie wird die Welt regiert und in den Krieg geführt? Diplomaten belügen Journalisten und glauben es, wenn sie's lesen.« Karl Kraus, der die Manipulation der Massen in den Kriegszeiten des Ersten Weltkrieges durchschaute und wie kein anderer messerscharf analysierte, verachtete die meisten Journalisten. Er verabscheute den »Journalismus und die intellektuelle Korruption, die von ihm ausgeht, mit ganzer Seelenkraft«. Ich hielt das lange für übertrieben, zumal ich hervorragende und unbestechliche Journalistinnen und

Journalisten kenne und schätze. Mittlerweile befallen mich Zweifel an meiner Loyalität.

Klar, es gibt sie noch, diese aufrechten Vertreter ihres Fachs. Aber wo dürfen sie noch schreiben? Die Propagandamaschine läuft bereits, und es ist erschreckend, wie ein Großteil der Zunft einem Plan zu folgen scheint, der trotz des Widerspruchs der meisten Leser die Wirklichkeit im Sinne einflussreicher Geldgeber gestaltet.

»Als einer der Pioniere der Medienkritik hatte Karl Kraus erkannt, dass die Medien die Wirklichkeit nicht abbilden, sondern erzeugen, dass Meinungen und Stimmungen nicht einfach entstehen, sondern gemacht werden«, schreiben Matthias Bröckers und Paul Schreyer in ihrem lesenswerten Buch *Wir sind die Guten*.

Ich habe in den letzten sechs Jahrzehnten, in denen ich mich bewusst mit Nachrichten und Zeitungen beschäftige, nicht annähernd eine derartige Propagandaschlacht erlebt wie heute. Es erschreckt mich, wenn ich sehe, wie manche Leitmedien mit zum Teil sehr klugen Leserkommentaren überschüttet werden und sich penetrant weigern, ihre Leser ernst zu nehmen. Was ist da passiert? Es ist sicher auch dem Internet zu verdanken, dass die Leser zu einem Großteil gebildeter sind als die Reporter. Aber in diesem Fall ist es einfach auch nur der gesunde Menschenverstand, der uns, wie es zum Teil aussieht, aberzogen werden soll.

Wie macht man ein friedliebendes Volk kriegslüstern? Durch Propaganda, durch Erfindungen, Lügen, durch die Erschaffung eines Feindes.

Wenn es nun zum Krieg kommt, dann werden sich in erster Linie die Hersteller der Waffen freuen, die diese nun endlich ausprobieren, vernichten und neu produzieren können. Und da sind viel mehr Industriezweige dran beteiligt, als es den Anschein hat. Man braucht doch nur mal versuchen, Aktien zu erwerben, die nicht in irgendeiner versteckten Form am Waffenhandel beteiligt sind.

Wir, wir alle, müssen unseren Regierungen eindeutig klarmachen, dass wir keinen Krieg wollen. Und wir sollten unsere Journalisten auffordern, nicht mehr so einseitig zu berichten.

Wenn zwei Weltmächte aufeinanderprallen, ist nicht der eine gut und der andere böse. Es geht um handfeste wirtschaftliche und territoriale Interessen, um Eitelkeit, Missgunst, Paranoia, mangelnde Empathie, krude sture Weltbilder mächtiger Menschen, die ihre Lebendigkeit eingetauscht haben gegen erstarrte Ideologien.

Lasst uns diesen Krieg verhindern. Es könnte schrecklich werden.

Es ist »Tauroggen«[1], Dummkopf!

Von Willy Wimmer

Die Lage, in der sich unser Land befindet, muss »schwierig« genannt werden. Vor allem dann, wenn zur Beurteilung die außen- und sicherheitspolitischen Umstände herangezogen werden. Alle Welt redet bestenfalls von einer Neuauflage des »Kalten Krieges«, andere sehen die Gefahr eines dritten Weltkrieges am Horizont aufscheinen. Da ich in der ausgehenden Zeit des Kalten Krieges die letzte große NATO-Übung Wintex/Cimex mit der konventionellen und nuklearen Komponente im Frühjahr 1989 als Bundesminister der Verteidigung zu verantworten hatte, habe ich eine sehr umfassende Vorstellung von jedweder Kriegführung in der Mitte Europas, in Europa und auf dem euro-asiatischen Kontinent, auf deutschem Territorium und von Krieg ganz allgemein. Krieg muss aus meiner Sicht mit »Verantwortungslosigkeit« übersetzt werden.

Es ist nur natürlich, wenn unter diesen Umständen die Überlegung danach aufkommt, wen es zu fragen gelte, um eine derartige Dimension nicht eintreten zu sehen? Viele fallen einem dazu nicht ein, und scheinbar sind die Letzten in dieser Riege auch noch von uns gegangen. Zwangsläufig kommt man dabei auf die Namen wie Egon Bahr und Valentin Falin. Viel Zeit lag nicht zwischen dem Ableben beider großer Männer, deren Leben die Konzepte gewesen sind. Beide waren letztlich erfolgreich, aber um welchen Preis? Egon Bahr sah das Ergebnis von »Wandel durch Annäherung«. Der Satz von Willy Brandt, nach dem mit dem Fall der Berliner Mauer »jetzt zusammenwachse, was zusammengehöre«, hätte auch von ihm stammen können und war gleichsam die Vollendung seiner Überlegungen, die mit den unmittelbaren Folgen des Zweiten Weltkrieges zusammenhingen. Wenn man diese Entwicklung zurückverfolgt, werden erschreckende Parallelen zur heutigen Entwicklung deutlich und vielleicht auch erste Hinweise darauf, dass es mit der Rückkehr zu einem einmaligen Erfolgsrezept nicht getan sein wird. Willy Brandt und Egon Bahr hatten die Nasen im politischen Wind, weil sie vor Ort, nämlich in Berlin, waren. Persönliche Umstände machten deutlich, wie wenig sie mit dem in Verbindung zu bringen waren, was in Deutschland mit der Kapitulation der Wehrmacht am 8. Mai 1945 einherging. Sie hatten eine innere Form von Offenheit für die Realitäten, die anderswo nicht gegeben war, vielleicht aus sehr rationalen Gründen auch nicht vorhanden sein konnte. Heute sind diejenigen in Deutschland in der Verantwortung, die das grandiose Erbe der Charta von Paris im November 1990 und der Verträge zur deutschen Wiedervereinigung über den ordinären Angriffskrieg der NATO gegen die Bundesrepublik Jugoslawien geradezu in den Wind getrieben haben und seither zwischen Afghanistan und Mali aus den fadenscheinigsten Gründen im amerikanischen Hegemonialinteresse ganze Völker ihrer Lebensgrundlagen berauben. Wie sollen diese Kräfte, die den katastrophalen Zustand der Beziehungen unseres Landes zur Russischen Föderation zu verantworten haben, die richtigen und für die Nation einzig zulässigen Konsequenzen aus der von ihnen selbst zu verantwortenden verhängnisvollen Politik ziehen? Sie sind doch jeden Tag damit beschäftigt, an ihren Entscheidungen, die Endlos-Kriege nach sich gezogen haben, festzuhalten. Selbst darin muss man einen Unterschied zu jener Zeit sehen, in der Willy Brandt und Egon Bahr die Realität hinnahmen, aber Ziele hatten.

In den Reden seiner letzten Jahre hat Egon Bahr nicht nachgelassen, die für unsere Generationen in Deutschland so wichtigen Fragestellungen anzusprechen, und er hat damit Zeiträume deutlich gemacht. Aber darin liegt auch der Unterschied zu Valentin Falin, dem Bahr ansonsten über die Maße freundschaftlich verbunden gewesen ist und auch blieb. Für Egon Bahr ging es um die Beseitigung der teilungsbedingten Folgen und letztlich das Leben der Deutschen in einem Staat. Diese Überzeugung verband ihn mit dem großen sowjetischen und russischen Diplomaten und Historiker Valentin

Falin. Aber Falin dachte und sprach bis in seine letzten Tage von »den letzten zweihundert Jahren als einer einzigen angelsächsischen Geschichtslüge«. Er hatte in dem Moskauer Konferenzgebäude alle Zeit der Welt, mir seine Sicht der weltpolitischen Abläufe seit dem Wiener Kongress als Ergebnis der Verheerung Europas und Russlands durch Napoleon zu erläutern. Bei seinen Schilderungen, die die Zeit nach dem Ende des Zweiten Weltkrieges zum Inhalt hatten, glaubte ich, die Stimme von Helmut Schmidt zu hören. In stundenlagen Gesprächen konnten wir über die Abläufe sprechen, die von den Atomminen an der innerdeutschen Grenze bis zur Aufgabe der militärischen Integration der NATO bei gleichzeitiger Weiterentwicklung zu einer soliden diplomatischen Organisation als Klammer zwischen Brüssel und Washington reichten.

Sollte man der Ansicht sein, dass Gedanken dieser Art sich auf Gesprächspartner wie Egon Bahr oder Valentin Falin erstrecken würden, wäre man einem Irrtum unterlegen. Nach meinem Wissen waren Gedanken dieser Art zentrale Annahmen der amerikanischen Regierung für die sich abzeichnenden Entwicklungen in Europa seit dem Jahr 1988. Seinerzeit ging man im Weißen Haus daran, mit den Sowjets eine neue sowjetische Verfassung zu erarbeiten, mit allen Bürger-und Freiheitsrechten, die dem internationalen Standard entsprachen. Im Sommer 1988 stellte die amerikanische Regierung den Verteidigungspolitikern der CDU/CSU unter meiner Leitung vor, wie Washington die sicherheitspolitische Lage in Europa beurteilte. Nach diesen Regierungskonzepten sei die militärische Präsenz der Sowjetunion über den Warschauer Pakt in Europa rein defensiver Natur und die logische Konsequenz aus Napoleon und Hitler, ausgerichtet auf den Schutz von »Mütterchen Russland«

Die damalige amerikanische Einschätzung war die Grundlage für die Beendigung des »Kalten Krieges« und für Moskau die Gelegenheit, den sorgsam gehüteten »Schlüssel für die Wiedervereinigung Deutschlands« herauszurücken. Und heute? Wenn diese damalige amerikanische Position, die der Bundesregierung offiziell gegenüber vertreten worden ist, zutreffend war, dann ist sie mit dem Aufmarsch der NATO gegenüber der Russischen Föderation in keiner Weise zu vereinbaren oder auf einen Nenner zu bringen. Dabei ziehe ich noch nicht einmal in Betracht, was alles bis zum Ende des Kalten Krieges vereinbart worden ist. Da ich für den damaligen Bundeskanzler Dr. Helmut Kohl in meiner Funktion vor Weihnachten 1989 das Konzept über die NATO-Mitgliedschaft des wiedervereinigten Deutschlands, der ausschließlichen Stationierung deutscher Truppen auf dem Territorium der künftigen »neuen Länder« und das »Halt« der NATO an der Oder ausgearbeitet hatte und diese deutschen Positionen Grundlage für alle Vereinbarungen in Zusammenhang mit der deutschen Wiedervereinigung geworden sind, kann man ermessen, welche Dimension der Vertragsbruch gegenüber dem damaligen Vertragspartner Sowjetunion und damit der heutigen Russischen Föderation hatte und hat. Man muss allerdings dazu festhalten, dass die öffentlichen Äußerungen des damaligen Stratfor-Chefs, Herrn George Friedman, zu der langfristigen Anlage der amerikanischen Politik gegenüber Deutschland und Russland nach der Gründung des Deutschen Reiches 1871 erst vor wenigen Jahren gemacht worden sind und die Konferenz von Bratislava mit der Festlegung eines amerikanisch bestimmten Limes zwischen der Ostsee und dem Schwarzen Meer im Mai 2000 stattgefunden hatte.

Es sind allerdings nicht nur diese globalstrategischen Überlegungen, die die Frage bestimmen, zu welcher Konsequenz in Anbetracht der Lage die deutsche Politik kommen müsste, sollte sie willens sein, einen Beitrag zum Frieden und zur Stabilität auf dem Kontinent leisten zu wollen. Unser Staat ist nicht mehr der Staat, in dem wir unser Leben verbracht haben, soweit wir der älteren Generation angehören. Der Vertrag von Maastricht des Jahres 1992 hat durch die Kompetenzübertragung von Bonn auf Brüssel und anfallender Reste auf Berlin die Substanz unseres Staates grundlegend verändert. Unsere Gesetze von Belang werden weniger in Berliner Ministerien als in angelsächsisch dominierten Anwaltskanzleien erstellt. Die Kompetenzübertragung auf Brüssel und Berlin hat den Staatsbürger als Souverän beiseite gefegt und Einflussgruppen Tür und Tor geöffnet, den »Staatswillen« zu bestimmen. Wo will man sich noch artikulieren, wenn die Grundsubstanz für den »Souverän« beseitigt worden ist? Natürlich gab es diese »staatliche Gestaltungskraft«, wie Egon Bahr und andere diese uns vorgelebt haben. In nichts zeigt sich das so deutlich, wie in der Völkerrechtsabteilung des Auswärtigen Amtes, einer Einrichtung mit globaler Bedeutung. Heute fragt man vergeblich nach einer Einrichtung mit der ehedem vorhandenen Wirkungskraft im Berliner Regierungsbetrieb, denn konzeptionelle Arbeit ist die Voraussetzung für zukunftsweisende Überlegungen. In Berlin? Abgeschafft oder bedeutungslos. Wenn aus Bonn 80 Prozent der nationalen Zuständigkeit auf Brüssel und 20 Prozent auf Berlin übertragen worden sind, wird das auch niemanden wundern. Und Rußland? Bei nüchterner Betrachtung haben wir mit der Osterweiterung der NATO in der Aufmarschqualität der Präsidenten Clinton, Bush und Obama das gesamte Potenzial aus der unmittelbaren Zeit nach Ende des Kalten Krieges zunichte gemacht, und zwar auf amerikanisches Betreiben hin und einer willenlosen deutschen Politik. Was sollen wir mit den Russen als Entspannungspolitik verhandeln? Sie veranlassen, die Politik unseres Vertrags- und Vertrauensbruchs zu legitimieren? Die Konsequenzen aus Napoleon und Hitler östlich von Kursk zu akzeptieren? Uns etwa in die Tasche lügen, wie wir es seit dem völkerrechtswidrigen Krieg gegen Jugoslawien so meisterlich gelernt haben? Unsere westliche Politik wieder auf null setzen, den berühmten »Reset«-Knopf drücken und dabei völlig außer Betracht lassen, dass Moskau sicherheitspolitische Fakten geschaffen hat? Ein Konzept erstellen, das uns erlaubt, eine Art von Rückzug anzutreten, bevor uns in der NATO unter Präsident Trump ganz andere Konsequenzen ins Haus stehen? Warum soll Moskau uns noch ein Wort glauben? Und dennoch müssen wir es versuchen und uns notfalls in der deutschen Geschichte Rat suchen, wenn man Egon Bahr und andere schon nicht fragen kann. Tauroggen eben.

Statt eine Nachwortes: Ein trauriges Protokoll – das trotzdem Mut machen soll!

Von Detlef Prinz

Montag, 19. August 2018, Spanien

Da ist sie wieder – die Erinnerung. Es ist der Todestag von meinem engen Freund Egon Bahr. Jahrestag. Ich stehe vor unserem Sofa, auf dem ich am 19. August 2015 gesessen hatte, als noch einmal ganz unerwartet das Telefon klingelte. Es war 21.45 Uhr. In der Leitung war Adelheid Bahr. Unter Tränen sagte sie mir, dass Egon wenige Minuten zuvor verstorben war. Ich war schockiert, sprachlos und unendlich traurig. Dieses Telefonat hat sich tief eingeprägt, ich kann es nicht vergessen. Und immer am 19. August werde ich daran erinnert.

Rückblick

München

Der langjährige Chefredakteur des *Bayernkurier*, Wilfried Scharnagl, fragt mich, ob ich mir vorstellen könnte, ein Buch zu verlegen, dass sich mit den Beziehungen zwischen Deutschland und Russland beschäftigt. Ich frage den bekannten und profilierten Autor und Journalisten: Mit welcher Intention? Er antwortet mir, ein Plädoyer für einen anderen Umgang mit Russland soll es werden. Ich finde die Idee großartig und sage ihm zu, das Buch zu verlegen. Nach acht Wochen erhalte ich den Text, bin begeistert, und sofort ist mir klar, dieses Buch kann nur Egon vorstellen.

Berlin

Wir sind mit Egon und Adelheid verabredet zum Abendessen beim Italiener. Wir freuen uns auf den gemeinsamen Abend, sprechen über Politik und über dieses und jenes, und nach dem Essen sage ich zu Egon: Scharnagl verlegt ein Buch bei mir. Ich würde mich freuen, wenn du es vorstellst. Egon antwortet »Scharnagl? Der vom Bayernkurier?« Ich sage: Ja, genau der. Auf keinen Fall, antwortet Egon, wie immer entschlossen. Er schreibt aber über einen anderen Umgang mit Russland und ist für eine Fortsetzung deiner und Willy's Politik. Gib her, ich werde es lesen!

Berlin

Egon ruft mich an und kommt gleich zur Sache: Das Manuskript ist großartig. Hätte ich ihm nicht zugetraut. Ich bin gerne bereit, das Buch vorzustellen. Sag, wann und wo und in welcher Form. Das ist ein richtiger und wichtiger Beitrag zu einer notwendigen Debatte.

Berlin, Hotel Adlon

Mein Verlag hat in Kooperation mit dem Deutsch-Russischen Forum e.V. und der Stiftung Familienunternehmen zur Buchvorstellung im Hotel Adlon, Berlin eingeladen. Im Palaissaal befinden sich etwa 200 Gäste, darunter viele Familienunternehmer, Persönlichkeiten aus der Wirtschaft, Politiker aus allen Parteien und die Kollegen und Kolleginnen der Medien. Insbesondere die russischen Medien zeigen großes Interesse an diesem Thema, schicken Vertreter zur Pressekonferenz und für Interviews im Vorfeld.

Der Präsident der Stiftung, Prof. Brun-Hagen Hennerkes, begrüßt die Gäste und verweist in seiner Rede auf die notwendigen Interessenlagen beider Länder und plädiert für einen fairen Dialog. Anschließend sitzt Egon an einem Schreibtisch auf der Bühne, im Hintergrund eine dekorierte Bibliothek, und liest entscheidende Passagen aus dem Buch von Wilfried Scharnagl. In seinem Gesichtsausdruck erkenne ich eine melancholische Versöhnung, geprägt durch die Einschätzung eines gemeinsamen Anliegens mit dem politischen Gegner Scharnagl, mit dem er 50 Jahre, teils erbittert, gestritten hat. Ein besonderer Augenblick, ein großartiges Gefühl.

Der anschließenden Podiumsdiskussion mit Bahr und Scharnagl, die von Uli Deppendorf moderiert wird, lauscht das Publikum gebannt. Alle Beteiligten sind sich einig, unser Land und die Bundesregierung muss einen anderen Umgang mit Russland finden.

Beim anschließenden kleinen Empfang signieren die beiden ehemaligen Kontrahenten, Bahr und Scharnagl, gemeinsam. Ein wunderbarer Abend.

Wir beschlossen an diesem Abend, dieses Buch »über einen anderen Umgang mit Russland« gemeinsam in Moskau in russischer Sprache vorzustellen. Dafür wollten wir keinen anderen als den politischen Weggefährten Michail Gorbatschow gewinnen.

Moskau

Ich bin verabredet mit Matthias Schepp, dem Leiter des *Spiegel*-Büros in Moskau, und bitte ihn um Rat. Zeige ihm das Buch, berichte von der Präsentation im Adlon und frage ihn, wie er vor dem Hintergrund seiner Moskau-Expertise das Erscheinen in russischer Sprache bewerten würde.

Am nächsten Tag bekomme ich die Antwort, das würde in Moskau von großem Interesse sein, insbesondere bei den russischen Medien. Die Entscheidung ist getroffen, das Buch wird auf Russisch erscheinen.

Durch die freundliche Vermittlung von Martin Hoffmann, dem Geschäftsführer des Deutsch-Russischen Forums e.V., treffe ich mich erneut mit dem engsten Vertrauten und Berater von Michail Gorbatschow, welcher schon unsere Bitte um ein Vorwort von Michail Gorbatschow im Buch von Scharnagl wohlwollend und erfolgreich unterstützt hat. Er bekommt zudem die ersten, ins Russische übersetzten Kapitel überreicht. Der Hinweis, dass Egon Bahr dieses Buch in Deutschland vorgestellt hat und auch bereit ist, nach Moskau zu kommen, um gemeinsam mit Michail Gorbatschow das Buch vorzustellen, findet uneingeschränkte Zustimmung, ja sogar Freude!

Egon genießt unverändert einen ausgezeichneten Ruf. Er ist eine Person der Zeitgeschichte. Diese beiden großartigen Persönlichkeiten mit ihren herausragenden politischen Biografien sollen sich auf diese Weise wiedersehen. Vereint durch das Buch eines bekennenden Konservativen! Irgendwie verrückt!

Berlin

Wir sitzen in vertrauter Runde, wieder beim Italiener. Nach dem ersten Glas Wein bilanzieren wir die Adlon-Veranstaltung. Egon ist sehr zufrieden, ja geradezu euphorisch. Wir berichten ihm: Gorbatschow hat zugesagt. Wir machen die Buchpräsentation in Moskau mit Egon und Michail. Unser Konzept der Buchpräsentation im Adlon wollen wir eins zu eins übertragen.

Moskau

Direkt nach der Landung wird Egon zu Michail Gorbatschow gefahren, wo beide ein intensives Gespräch über 2½ Stunden unter vier Augen führen. Ich treffe Egon danach im Hotel, und strahlend sagt er mir: ein großartiges Gespräch. Er berichtet mir Teile aus diesem Gespräch, und wir sind uns beide einig, das macht Mut, und beide sind wir uns sicher, dass wir alles richtig gemacht haben. Besonders gerührt war Egon von dem Teil, als Gorbatschow über seine Begegnungen mit Willy Brandt sprach.

Für den Abend, kurz vor der Veranstaltung, haben wir uns für Egon eine Überraschung überlegt. Ein auf Leinwand groß aufgezogenes Bild von der Unterzeichnung des Moskauer Vertrages am 12. August 1970. Es zeigt Willy Brandt bei seiner Unterschrift im Kreml, hinter ihm stehen der junge Egon Bahr und Leonid Breschnjew. Wir kommen zu Beginn der Veranstaltung in den Saal. Egon sieht das Bild und sagt: Ich danke dir.

Brun-Hagen Hennerkes und ich empfangen Michail Gorbatschow am Eingang des Hotels und begleiten ihn in den Saal, wo Egon Bahr ihn erwartet. Sie fassen sich mit beiden Händen und halten sich fest. 50 Jahre gelebte Entspannungspolitik! Ein ergreifender Augenblick.

Egon Bahr zieht eine Bilanz deutscher Entspannungspolitik. Er beschreibt, was aus seiner Sicht notwendig wäre, um das Verhältnis zwischen Russland und Deutschland zu verbessern.

Anschließend betritt Gorbatschow die Bühne. Er spricht 35 Minuten frei, bestätigt in vielen Anmerkungen Egons Einschätzung, und man spürt in den Worten von Gorbatschow eine politische Lebensbilanz. Eine kleine Geschichtsstunde der deutsch-russischen Beziehungen. Beeindruckend!

40 russische Journalisten und 30 Journalisten deutscher Medien waren bei diesem Ereignis zugegen. In den deutschen Medien wurde nichts darüber berichtet. Eine Ignoranz, die befremdlich und enttäuschend ist.

Berlin

Egon und ich ziehen, wie immer beim Italiener, Bilanz nach den Buchvorstellungen in Berlin und Moskau.

Ich sage zu ihm: Egon, ich habe da noch eine Idee. Was Besonderes, als krönender Abschluss praktisch. Was hältst du davon, wenn wir dieses Gesprächsformat mit dir und Michail Gorbatschow um Henry Kissinger erweitern und in New York präsentieren? Meine Kollegen von der *New York Times* wären gerne als Medienpartner dazu bereit. Und viele Mitstreiter wie unter anderem meine Freunde Stefan Dräger, Martin Herrenknecht und Walter Mennekes wären auch wieder mit dabei.

Egon ist begeistert. Kleine Geschichten aus der Vergangenheit werden ausgetauscht, und die Sache ist beschlossen.

Berlin

Bei Adelheid und Egon zu Hause berichte ich Egon, dass Henry zugesagt hat und ein Termin für September/Oktober angedacht ist. Adelheid ruft aus dem Hintergrund: Ist das wirklich euer Ernst? Egon antwortet kurz und knapp: Das haben wir gerade beschlossen. Er ist aufgeräumt.

Ich vereinbare mit den beiden, dass ich direkt nach dem Urlaub die Vorbereitungen treffen werde. Das trifft sich gut, wirft

Egon ein, denn auch ich fahre mit Adelheid einige Tage an den Stechlinsee. War da noch nie. Möchte die Stimulans spüren von Fontane.

Mit einer herzlichen Umarmung verabschieden wir uns in der Vorfreude auf unsere gemeinsame Reise nach New York.

Spanien

Es ist der Abend vor meiner Rückreise nach München, und ich bitte meine Frau gegen 21.00 Uhr, einige Arbeitsaufträge an unser Berliner Büro bezüglich der Reise nach New York zu übermitteln, genauer Termin mit Henry, Übersetzung des Buches von Scharnagl ins Englische, Terminvereinbarung mit Egon für nächste Woche etc. Um 21.30 Uhr sind die Stichpunkte im Berliner Büro angelangt.

Gegen 21.45 Uhr klingelt mein Telefon, und ich sage zu meiner Frau: Egon um diese Zeit?

Am anderen Ende der Leitung ist Adelheid und sagt mit trauriger Stimme: Egon ist vor 15 Minuten gestorben.

Wir sind fassungslos. Wir können es nicht glauben.

Wir hatten doch noch so viel gemeinsam vor.

Egon Bahr und
Michail Gorbatschow
2015 in Moskau
© Detlef Prinz

Die Autoren

Adelheid Bahr ist Erziehungswissenschaftlerin und Ehefrau des 2015 verstorbenen Politikers Egon Bahr. Sie beendete das Studium der Germanistik, Romanistik und Philosophie mit dem M.A. und studierte anschließend Pädagogik und Psychologie. Von 1968 bis 1974 war sie Dozentin an Fachschulen für Sozialwesen in Berlin und Kiel, von 1974 bis 2001 Professorin am Fachbereich Sozialwesen der Fachhochschule Kiel. 2011 heiratete sie ihren langjährigen Lebensgefährten Egon Bahr.

Egon Bahr, 1922 geboren in Thüringen. Nach dem Krieg als Journalist tätig u.a als Leiter des Bonner RIAS Büros. 1960-66 Sprecher des Berliner Senats. Unter Willy Brandt 1966-69 Leiter des Planungsstabs im Auswärtigen Amt. 1969-1974 Staatssekretär im Bundeskanzleramt. Nach Brandts Rücktritt u.a. Bundesminister für Wirtschaftliche Zusammenarbeit, Bundesgeschäftsführer der SPD und Direktor des Instituts für Friedensforschung und Sicherheitspolitik in Hamburg. 2015 in Berlin gestorben.

Wolfgang Bittner lebt als Schriftsteller und Publizist in Göttingen. Der promovierte Jurist verfasst Bücher für Erwachsene, Jugendliche und Kinder, erhielt mehrere Preise und Auszeichnungen und ist Mitglied im PEN. Von 1996 bis 1998 gehörte er dem Rundfunkrat des WDR an, von 1997 bis 2001 dem Bundesvorstand des Verbandes deutscher Schriftsteller. Ausgedehnte Reisen führten ihn nach Vorderasien, Mexiko, Kanada und Neuseeland, Gastprofessuren 2004 und 2006 nach Polen. Er hat mehr als 60 Bücher veröffentlicht. Weitere Informationen unter www.wolfgangbittner.de.

Peter Brandt, Prof. i. R. Dr. phil. habil., geboren 1948, leitete vor 1989 bis 2014 das Lehrgebiet Neuere deutsche und europäische Geschichte an der FernUniversität in Hagen und war von 2003 bis 2017 Direktor des Dimitris-Tsatsos-Instituts für Europäische Vefassungswissenschaften ebd. – Zahlreiche Buch- und Zeitschriftenpublikationen zu einem breiten Themenfeld der deutschen und europäischen Geschichte seit dem 17. Jahrhundert, zuletzt: *Freiheit und Einheit*, 2 Bde, 2017; diverse Ehrenämter, u. a. im Vorstand der Friedrich-Ebert-Stiftung.

Mathias Bröckers gehört zur Gründergeneration der taz, war dort bis 1991 Redakteur, danach Autor u. a. für die *Zeit*, die *Woche* und zahlreiche ARD-Radios. Er schrieb 2014 (mit Paul Schreyer) zum Thema Russland den *Spiegel*-Bestseller *Wir sind die Guten – Ansichten eines Putinverstehers oder: Wie uns die Medien manipulieren* und zuletzt über Donald Trump *König Donald, die unsichtbaren Meister und der Kampf um den Thron* (Westend Verlag). Er bloggt auf broeckers.com.

Daniela Dahn, Daniela Dahn, geboren in Berlin, studierte Journalistik in Leipzig und war Fernsehjournalistin. Seit ihrer Kündigung 1981 arbeitet sie als Schriftstellerin und Publizistin. Sie war Gründungsmitglied des »Demokratischen Aufbruchs« und hatte mehrere Gastdozenturen in den USA und Großbritannien. Sie ist Trägerin u.a. des Fontane-Preises, des Kurt-Tucholsky-Preises und des Ludwig-Börne-Preises. Bei Rowohlt sind von ihr bislang zehn Essay-Bücher erschienen, zuletzt *Wir sind der Staat. Warum Volk sein nicht genügt*.

Friedrich Dieckmann, geboren 1937, Schriftsteller und Publizist, lebt in Berlin-Treptow. Mitglied der Akademien der Künste in Berlin und Dresden und der Deutschen Akademie für Sprache und Dichtung. Träger des Heinrich-Mann- und des Johann-Heinrich-Merck-Preises. Mitglied des Willy-Brandt-Kreises. Unter seinen Buchpublikationen: *Temperatursprung/Deutsche Verhältnisse* (1995), *Deutsche Daten oder Der lange Weg zum Frieden* (2009) und *Weltverwunderung/Nachdenken über Hauptwörter* (2017).

Frank Elbe, Botschafter a. D., Rechtsanwalt, Publizist. 1971 bis 2005 im diplomatischen Dienst überwiegend mit Ost-West Beziehungen, Sicherheits- und Abrüstungspolitik befasst. 1987 bis 1992 Verwendungen als Redenschreiber für Außenminister Genscher, Leiter des Ministerbüros im Auswärtigen Amt, Verhandler bei den Zwei-plus-Vier-Verhandlungen über die Einheit Deutschlands, Botschafter zur besonderen Verwendung, Leiter des Leitungsstabes und Leiter des Planungsstabes. 1993 bis 2005 Botschafter in Indien, Japan, Polen und der Schweiz. Seit 2006 Rechtsanwalt in Bonn – in Zusammenarbeit mit Kanzlei Kubicki & Schöler in Kiel.

Justus Frantz ist ein international erfolgreicher Dirigent und Pianist. Seine Karriere begann 1967, als er den internationalen Musikwettbewerb der ARD gewann. Immer wieder entdeckt und fördert er selbst junge Musiktalente. Seit 1989 ist Frantz Sonderbotschafter des Hohen Flüchtlingskommissars der UNO. Im gleichen Jahr wurde er auch mit dem Großen Bundesverdienstkreuz geehrt.

Sigmar Gabriel war von Januar 2017 bis März 2018 Außenminister der Bundesrepublik Deutschland. Nach dem Staatsexamen für das Lehramt an Gymnasien (Deutsch, Gemeinschaftskunde) 1989 begann seine politische Karriere in der SPD. Er war Ratsmitglied der Stadt Goslar und Abgeordneter des niedersächsischen Landtags, dort außerdem Vorsitzender der SPD-Fraktion und Ministerpräsident des Landes Niedersachsens. Seit 2005 ist er Mitglied des Bundestages. Gabriel ist verheiratet und hat drei Töchter. Er wohnt in Goslar am Harz und ist Träger des Niedersächsischen Verdienstordens.

Dr. Peter Gauweiler, Jahrgang 1949, war von 2002 bis 2015 Bundestagsabgeordneter der CSU und von 2013 bis 2015 stellvertretender CSU-Vorsitzender. Auf beide Mandate verzichtete er wegen innerparteilicher Differenzen in der Eurorettungspolitik. Seit 47 Jahren ist er Mitglied der CSU und sowohl politisch als auch privat in Bayern verwurzelt. Peter Gauweiler ist verheiratet und hat vier Kinder.

Dr. Richard Kiessler ist Journalist mit einem Schwerpunkt auf Außen- und Sicherheitspolitik. Er war als diplomatischer Korrespondent für den Spiegel tätig und arbeitete als Chefredakteur für die *NRZ* und die WAZ Mediengruppe. Seit 2011 ist Kiessler freier Publizist. Für den *Informer* schreibt er seine Kolumne »Kiesslers Welt«. Kiessler ist verheiratet und hat drei Kinder.

Prof. Dr. Gabriele Krone-Schmalz war von 1987 bis 1991 Korrespondentin im ARD-Studio Moskau. Seit 1976 beim WDR, war sie u.a. Redakteurin bei »Monitor« und im ARD-Studio New York. Sie ist Fellow des German Marshall Fund. Seit 1992 arbeitet sie als freie Publizistin. Die Autorin mehrerer Bestseller (zuletzt: *Eiszeit*) moderierte bis 1998 den ARD-»Kulturweltspiegel«. Sie ist Mitglied im Petersburger Dialog, gehört dem Kuratorium des Deutsch-Russischen-Forum an und war von 2011 bis 2016 im Hochschulrat der TU Ilmenau. Für ihre Arbeit wurde sie mehrfach ausgezeichnet, darunter zweimal mit dem Grimme Preis. Sie ist Trägerin des Bundesverdienstkreuzes 1. Klasse für »die Qualität der Fernsehberichterstattung« und hat 2008 die Puschkin-Medaille verliehen bekommen »in Anerkennung ihres Beitrages zur Festigung der Freundschaft und Zusammenarbeit zwischen Russland und Deutschland«.

Wolfgang Kubicki, Jahrgang 1952, trat 1971 in die FDP ein. Dem Kieler Landtag gehörte er von 1992 bis 2017 an. Zwischen 1989 und 1993 war er Landesvorsitzender der FDP Schleswig-Holstein und Mitglied des Bundesvorstands. 1992/93 und von 1996 bis 2017 war er Vorsitzender der FDP-Fraktion im Schleswig-Holsteinischen Landtag. Er kandidierte insgesamt bei sieben Landtagswahlen als Spitzenkandidat der Liberalen und erreichte 2009, 2012 und 2017 die drei besten Wahlergebnisse in der Geschichte seiner Partei. Wolfgang Kubicki ist seit 2013 stellvertretender Bundesvorsitzender der Freien Demokraten. Seit 2017 gehört er wieder dem Bundestag an. Er wurde Ende Oktober 2017 zum Vizepräsidenten des Deutschen Bundestages gewählt. Wolfgang Kubicki ist verheiratet und hat zwei Kinder.

Harald Kujat, Jahrgang 1942, ist deutscher General a. D. der Luftwaffe. Er war von 2000 bis 2002 der 13. Generalinspekteur der Bundeswehr und von 2002 bis 2005 Vorsitzender des NATO-Militärausschusses. Seine Orden und Ehrenzeichen umfassen u. a. das Große Bundesverdienstkreuz, das Ehrenkreuz der Bundeswehr in Gold, die Verdienstmedaille des Hamburger Senats, das Kommandeur-Kreuz der französischen Ehrenlegion, die NATO Meritorious Service Medal, das Legion of Merit (USA) sowie hohe Auszeichnungen aus Belgien, Malta, Polen, Russland und Ungarn. Kujat ist verheiratet und hat drei Kinder.

Oskar Lafontaine wurde am 16. September 1943 in Saarlouis geboren. Zwei Jahre später verlor er seinen Vater, der als Soldat im Alter von 29 Jahren ums Leben kam.

Im Verlauf seines politischen Lebens war er Oberbürgermeister in Saarbrücken, Ministerpräsident des Saarlandes, Vorsitzender der SPD, Kanzlerkandidat und Bundesfinanzminister. Im März 1999 legte er alle seine bisherigen politischen Ämter in der SPD aus Kritik am Regierungskurs von Gerhard Schröder nieder. Er war Gründungsvorsitzender der Partei DIE LINKE, die auf seine Initiative hin aus PDS und Wahlalternative Arbeit & soziale Gerechtigkeit (WASG) entstanden ist, Vorsitzender der Linksfraktion im Deutschen Bundestag und Spitzenkandidat bei den saarländischen Landtagswahlkämpfen 2009, 2012 und 2017. Seit September 2009 führt er die Fraktion der Linken im saarländischen Landtag.

Albrecht Müller, geboren 1938, ist Diplom-Volkswirt. Er war Redenschreiber von Bundeswirtschaftsminister Karl Schiller, damals direkt in den Bundestagswahlkampf 1969 involviert. Anschließend war er Leiter der Abteilung Öffentlichkeitsarbeit beim SPD-Parteivorstand und zuständig für den Wahlkampf 1972. Damals ging es um die Absicherung der Ostpolitik. Danach war er Leiter der Planungsabteilung im Bundeskanzleramt, danach von 1987 bis 1994 Bundestagsabgeordneter. Heute ist er Autor mehrerer Studien und Bücher und Initiator und Herausgeber der 2003 gegründeten, kritischen Internetseite www. nachdenkseiten.de.

Matthias Platzeck, Jahrgang 1953, ist Gründungsmitglied und Sprecher der Grünen Liga . Als Ligasprecher nimmt er an den Verhandlungen des Zentralen Runden Tischs der DDR (Dezember 1989 bis Februar 1990) teil. Für die Grüne Partei wird er Mitglied der ersten frei gewählten Volkskammer der DDR. Ende 1990 ist Matthias Platzeck einer der 144 von der Volkskammer als Mitglied des Bundestags delegierten Abgeordneten.

1995 tritt er der SPD bei. Bevor er 2002 zum Ministerpräsidenten des Landes Brandenburg gewählt wird, ist er vier Jahre Oberbürgermeister der Landeshauptstadt Potsdam. 2013 tritt Platzeck als Ministerpräsident und SPD-Landesvorsitzender zurück. Seit 2014 ist er u. a. Vorsitzender des Vorstandes des Deutsch-Russischen Forums e.V.

Detlef W. Prinz ist Verleger und Inhaber der Berliner Unternehmensgruppe PrinzMedien sowie der 1777 gegründeten Keyserschen Verlagsbuchhandlung GmbH mit Sitz in München und Berlin. Im Mai 2015 erschien im Keyser-Verlag das Buch *Am Abgrund – Plädoyer für einen anderen Umgang mit Russland* von Wilfried Scharnagl, welches in Kooperation mit dem russischen Verlagshaus Gorodets auch in russischer Sprache publiziert wurde und ebenfalls in Englisch erschienen ist.

Prof. Dr. Dr. h.c. Herwig Roggemann, 1935 in Bremen geboren, Studium der Rechte in Göttingen, Freiburg und München, Promotion 1962, Habilitation 1973, 1973 bis 2000 Professor am Osteuropa-Institut und am Fachbereich Rechtswissenschaft der Freien Universität Berlin, 2000 bis 2015 Gründer und Leiter des Interuniversitären Zentrums Berlin-Split, 2016 Bundesverdienstkreuz für seine wissenschaftliche Arbeit und die Förderung des Wissenschaftsaustausches mit Ost- und Südosteuropa.

Arbeitsschwerpunkte: Rechtsvergleichung, Straf- und Verfahrensrecht, Rechtsentwicklung in Osteuropa (Russland) und Südosteuropa (Kroatien), Internationales Strafrecht, Transformation der Rechtssysteme insbesondere der Eigentumsverfassung. Zahlreiche Veröffentlichungen zum deutschen, osteuropäischen und internationalen Recht und zur Rechtsvergleichung.

Dieser Beitrag führt einige Überlegungen des Verfassers in seiner Schrift: *Ukraine-Konflikt und Rußlandpolitik*, Berlin 2015, weiter.

Florian Rötzer, geboren 1953 in Landshut, hat nach dem Studium der Philosophie als freier Autor und Publizist mit dem Schwerpunkt Medientheorie und -ästhetik in München und als Organisator zahlreicher internationaler Symposien gearbeitet. Er ist Mitgründer und Chefredakteur des Online-Magazins *Telepolis* und Herausgeber der Telepolis-Buch- und eBook-Reihe. Weiterhin hat er in der Zeitschrift *Kunstform International* mehrere Bände herausgegeben, in denen verschiedene Perspektiven von Kunst auf die Gesellschaft thematisiert werden. Von ihm erschienen sind unter anderem *Die Telepolis. Urbanität im digitalen Zeitalter* (1995), *Vom Wildwerden der Städte* (2006) sowie der Gesprächsband mit Sahra Wagenknecht, *Couragiert gegen den Strom* (2017).

Dr. Evgeniya Sayko, geboren 1982 in Tomsk, studierte Kulturwissenschaft an der Staatlichen Universität Tomsk und Kommunikationswissenschaft an der Freien Universität Berlin. Sie ist Gründungs-Vorstandmitglied der *Association Science Slam Russia* und hat 2016 in ihrer Heimatstadt Tomsk die *Schule der nicht langweiligen Vorträge* ins Leben gerufen. Seit April 2017 hat sie im Hertie-Innovationskolleg das Format *demoSlam* im Rahmen ihres Projekts »Wertediskurs mit Russland: klären, formulieren, vermitteln« entwickelt. Sayko ist Vorstandsmitglied des Deutsch-Russischen Forums in Berlin.

André Schmitz-Schwarzkopf wurde 1957 in Oberhausen geboren. Er schloss sein 1. Juristisches Staatsexamen 1984 in Köln ab und beendete sein Referendariat 1988 mit dem 2. Juristischen Staatsexamen in Hamburg. Seine berufliche Laufbahn begann als persönlicher Referent des Zweiten Bürgermeisters und Kultursenators von Hamburg, Prof. Dr. Ingo von Münch. 1992 wurde André Schmitz Verwaltungsdirektor der Volksbühne Berlin, 1997 Geschäftsführender Direktor der Deutschen Oper Berlin und ab Dezember 2000 zugleich deren kommissarischer Intendant. 2001 wurde er Chef der Senatskanzlei des Landes Berlin, von 2006 bis 2014 war er Staatssekretär für Kultur in Berlin. André Schmitz engagiert sich ehrenamtlich als Vorstandsvorsitzender der Schwarzkopf-Stiftung und stellt die Erinnerungskultur und die Europäische Einigung ins Zentrum seines beruflichen und privaten Engagements. 2014 wurde er als europäischer Kulturmanager des Jahres ausgezeichnet.

Dr. phil. Hans-Joachim Spanger, Jahrgang 1953, ist Programmbereichsleiter bei der Hessischen Stiftung Friedens- und Konfliktforschung in Frankfurt. Seit 2017 ist er zudem Gastwissenschaftler an der Nationalen Forschungsuniversität – Hochschule für Ökonomie in Moskau. 1997 begründete er die »Schlangenbader Gespräche«, eine jährlich veranstaltete prominent besetzte deutsch-russische Konferenz zur Außen- und Sicherheitspolitik. Er ist Mitglied des »Petersburger Dialogs« sowie des »Valdai International Discussion Club«.

Dr. Antje Vollmer war von 1983 bis 1990 Mitglied und drei Jahre lang Co-Vorsitzende der Fraktion der Grünen im Deutschen Bundestag. Von

1994 bis 2005 war sie zusätzlich die Vizepräsidentin des Bundestages. Sie initiierte viele eigene Gesetzesvorhaben und gesellschaftliche Projekte, so schon 1983 die Entschädigung von Zwangsarbeitern und anderer vergessener Opfer des Nationalsozialismus, sie setzte sich ab 1984 für einen Dialog der RAF bis zu deren Selbstauflösung ein, für eine deutsch-tschechische Versöhnungsinitiative und für einen Rechtsstaatsdialog mit der Volksrepublik China. Sie erhielt viele deutsche und internationale Preise und Auszeichnungen und arbeitet heute überwiegend als freie Autorin in Tages- und Wochenzeitungen und Buchprojekten zur Zeitgeschichte und zum Widerstand gegen die NS-Diktatur.

Konstantin Wecker ist Liedermacher, Schriftsteller, Schauspieler und Komponist. Sein künstlerisches Fundament bilden eine klassische Musikausbildung und die – von der Mutter geförderte – Begeisterung für Lyrik. 1968 trat Konstantin Wecker erstmals als Liedermacher auf, der Durchbruch gelang 1977 mit der Ballade »Willy« und dem Album »Genug ist nicht genug«. Insgesamt rund 40 LP- und CD-Produktionen dokumentieren die breite Palette des künstlerischen Schaffens. Wecker veröffentlichte Lyrikbände, Romane und schreibt Theater- und Bühnenmusiken sowie Filmmusik und Kindermusicals. Für sein politisches Engagement wurde Konstantin Wecker unter anderem 1995 mit dem Kurt-Tucholsky-Preis, 2007 zusammen mit Eugen Drewermann mit dem Erich-Fromm-Preis und 2018 mit der Thomas-Nast-Gastprofessur der Universität Koblenz-Landau ausgezeichnet.

Willy Wimmer wurde 1943 in Mönchengladbach geboren, war beruflich als Rechtsanwalt tätig und von 1976 bis 2009 direkt gewähltes Mitglied des Deutschen Bundestages, von 1988 bis 1992 Parlamentarischer Staatssekretär des Bundesministers der Verteidigung und von 1994 bis 2000 Vizepräsident der Parlamentarischen Versammlung der OSZE. Er ist mit Renate Wimmer, geborene Kelzenberg, verheiratet, mit der er einen Sohn hat.

Anmerkungen

Wolfgang Bittner: Russland gehört zur europäischen Familie

1 Ganslmeier, Martin: Der entfesselte Präsident. In: ARD-Tagesschau vom 12.04.2018. https://www.tagesschau.de/kommentar/kommentar-trump-syrien-101.html
2 Hohe Gefahr einer militärischen Konfrontation von Großmächten. In: Spiegel Online vom 16.02.2018. http://www.spiegel.de/politik/deutschland/muenchner-sicherheitskonferenz-wolfgang-ischinger-warnt-vor-kriegsgefahr-a-1193817.html
3 Deutschlandfunk vom 18.02.2018. http://www.deutschlandfunk.de/fazit-der-muenchner-sicherheitskonferenz-einmal-abgrund-und.720.de.html?dram:article_id=411068
4 Dwight D. Eisenhower, Abschiedsrede 1961, vgl: https://www.youtube.com/watch?v=CwSk5Jqoadk
5 Barack Obama, Wir müssen Ländern den Arm umdrehen, wenn sie nicht das machen, was wir wollen, vgl. https://www.youtube.com/watch?v=eeWlljKoNjk, sowie RT Deutsch, Obamas Diplomatie-Verständnis: Wir müssen Gewalt anwenden, wenn andere nicht das machen, was wir wollen. https://deutsch.rt.com/11745/international/obamas-diplomatie-verstaendnis-wir-muessen-gewalt-anwenden-wenn-laender-nicht-das-machen-was-wir-wollen
6 Dazu: Bittner, Wolfgang: *Die Eroberung Europas durch die USA – Eine Strategie der Destabilisierung, Eskalation und Militarisierung.* Westend, Frankfurt am Main 2017, S. 107ff.

Mathias Bröckers: Der Kampf um die »Weltinsel«

1 Mackinder, Halford J.: *Democratic Ideals and Reality*, Washington, DC: National Defense University Press 1962, Neuauflage 1996, mit einer Einführung von Stephen V. Mladineo, S. 106.

Daniela Dahn: Von Egon Bahr lernen, heißt verstehen lernen

1 https://www.craigmurray.org.uk/archives/2016/12/cias-absence-conviction/

Friedrich Dieckmann: Ratloses Erschrecken

1 Es war der gleiche Tag, an dem Napoleons 1812 den Einmarsch seiner Grande Armée in Russland verkündet hatte, die am 23. Juni den Njemen überschritt.
2 Egon Bahr: Verantwortungspartnerschaft mit Moskau und Washington, Rede zur Verleihung des Dr.-Friedrich-Joseph-Haass-Preises 2015 an Prof. Dr. Egon Bahr, Friedrich-Ebert-Stiftung 2015, S. 2.
3 Julian Hans: Russlands Rentenrebellion. In: *Süddeutsche Zeitung* vom 28.06.2018, S. 7.

4 »Für einen anderen Umgang mit Russland« anlässlich der Präsentation des Buches »Am Abgrund« am 21. Juli 2015 in Moskau, mit Beiträgen von Egon Bahr, Michail Gorbatschow, Wilfried Scharnagl, Brun-Hagen Hennerkes und Matthias Platzeck, Keyser Verlag Berlin 2015, S. 17.

5 Über die Wirksamkeit des NATO-Russland-Rates in dieser Krise sagte Horst Teltschik am 21. April 2016 auf dem Egon-Bahr-Symposion der Friedrich-Ebert-Gesellschaft:»Groteskerweise trat er weder in der Zeit des Georgienkrieges 2008 noch während der Krise in der Ukraine zusammen. […] Auf der MSK [Münchner Sicherheitskonferenz, Anm. d. Autors] hatte Bundeskanzlerin Merkel in Anwesenheit von Putin noch vorgeschlagen, die Beziehungen der NATO zu Russland weiter zu entwickeln. Sie hat diesen Vorschlag nie konkretisiert, und keiner hat nachgefragt. Im November 2010 hatte die NATO Präsident Medwedjew zu ihrem Gipfeltreffen nach Lissabon eingeladen und ihm eine Kooperation bei der Entwicklung eines Raketenabwehrsystems angeboten. Dazu ist es nicht gekommen.« Stattdessen stationierten die USA in zwei der neuen osteuropäischen NATO-Staaten, Rumänien und Polen, Raketenabwehrsysteme, die sich vorgeblich gegen Iran, realiter aber gegen Russland richteten.

6 Vgl. Friedrich Dieckmann: Vorsicht, Macht in der Mitte!/Deutsch-russische Verhältnisse, in: 50 Jahre Deutsche Einheit – Weiter denken, zusammen wachsen. Hg. von Jens Hartung, Irina Mohr und Franziska Richter, Verlag J. H. W. Dietz Bonn 2015, Anm. 7, S. 269.

7 Sie war nach Artikel 22 der Verfassung der Sowjetunion mit 46 anderen Gebieten unveräußerlicher Bestandteil der Russischen Sozialistischen Föderativen Sowjetrepublik.

8 Egon Bahr: Verantwortungspartnerschaft mit Moskau und Washington, Rede zur Verleihung des Dr.-Friedrich-Joseph-Haass-Preises 2015 an Prof. Dr. Egon Bahr, Friedrich-Ebert-Stiftung 2015, S.6.

9 »Für einen anderen Umgang mit Russland« anlässlich der Präsentation des Buches *Am Abgrund* am 21. Juli 2015 in Moskau, mit Beiträgen von Egon Bahr, Michail Gorbatschow, Wilfried Scharnagl, Brun-Hagen Hennerkes und Matthias Platzeck. Keyser Verlag Berlin 2015, S.16.

10 *Cicero*, Juni 2018, S. 30 f.

11 *Der Tagesspiegel*, 26. Juni 2018.

12 Unter der Überschrift »Wechselseitige Indifferenz« hat sich George Friedman, Gründer und Leiter des geostrategischen US-Thinktanks Stratfor, im Januar 2018 in weitem Rahmen über das deutsch-amerikanische Verhältnis geäußert. »Ein zentraler Aspekt«, sagte er über das Verhältnis der beiden Länder in der ersten Hälfte des 20. Jahrhunderts, »war die Rivalität zwischen den Vereinigten Staaten und Deutschland, übrigens ein bis heute stark unterschätzter Faktor.« Er fügte hinzu: So seien »die USA und Deutschland seit 120 Jahren geschichtlich miteinander verbunden. Manchmal waren sie Verbündete, manchmal Feinde. Grundlage ihrer Beziehungen war immer der militärische Konflikt. Und jedes Mal, wenn Deutschland sich Amerika widersetzte, wurde es zerstört. Verbündete sich das Land hingegen mit den Vereinigten Staaten, erfuhr es Wohlstand.« Sein Fazit in einer von Grund auf veränderten Lage: »Die Abwesenheit von Krieg oder einer drohenden Kriegsgefahr löste die transatlantischen Bande jedoch auf.« Europa sei nicht mehr »sehr wichtig« für die USA, so seien nun »die deutsch-amerikanischen Beziehungen von wechselseitiger Indifferenz geleitet«. In: *Cicero*, Juni 2018, S. 76 f.

2015 hatte Friedman Aufsehen mit der Feststellung erregt, dass »das primäre Interesse der Vereinigten Staaten durch das letzte Jahrhundert hindurch die Beziehungen zwischen Deutschland und Russland« gewesen seien, »denn vereint wären diese beiden die einzige Macht, die uns bedrohen könnte«. »Sicherzustellen, dass das nicht passiert«, sei im 20. Jahrhundert das Hauptanliegen US-amerikanischer Außenpolitik gewesen.

Peter Gauweiler: Ein anderer Umgang mit Russland ist nötig

1 Scharnagl, Wilfried: *Am Abgrund. Streitschrift für einen anderen Umgang mit Russland*. Berlin, 2015, Vorwort.

2 Ebd.

3 Vgl. Gauweiler, Peter: Die Fehler von Versailles nicht wiederholen. In: *The European. Das Debatten-Magazin* vom 19.02.2015.

Wolfgang Kubicki: Frieden in Europa ist es wert, sich der Mühe des Ausgleichs zu unterziehen

1 https://www.bundestag.de/blob/551344/f8055ab0bba0ced333ebc-d8478e74e4e/wd-2-048-18-pdf-data.pdf, abgerufen am 13.08.2018, S. 11.

2 https://zeitschrift-ip.dgap.org/de/ip-die-zeitschrift/archiv/jahrgang-2014/mai-juni/baumaengel-am-gemeinsamen-haus, abgerufen am 13.08.2018.

Oskar Lafontaine: Zeit für eine neue Entspannungspolitik

1 https://www.wsj.com/articles/america-first-doesnt-mean-america-alone-1496187426

2 http://docplayer.org/29134858-Von-der-wiedervereinigung-deutschlands-zur-neuen-spaltung-europas.html

3 https://www.foreignaffairs.com/articles/2017-10-16/even-smarter-sanctions

Albrecht Müller: Tödlicher Wandel durch Konfrontation

1 Die volle Aufzeichnung der Rede findet sich unter: https://www.youtube.com/watch?v=DVTsD0pl2zY

Matthias Platzeck: Zurück zu politischer Vernunft: Deutschland muss endlich Initiative für ein sicheres Europa ergreifen

1 Bahr, Egon: *Willy Brandts europäische Außenpolitik. Vortrag von Egon Bahr am 9. Oktober 1998 im Rathaus Schöneberg zu Berlin*. Berlin 1999, S. 47.

2 Jürgen Zurheide im Gespräch mit Egon Bahr. Deutschlandfunk 16.08.2008. https://www.deutschlandfunk.de/egon-bahr-warnt-vor-konfrontation-mit-russland.694.de.html?dram:article_id=66117

3 Vgl.: http://www.bundespraesident.de/SharedDocs/Reden/DE/Frank-Walter-Steinmeier/Interviews/2018/180415-Interview-BamS.html

4 Brandt, Willy: *Friedenspolitik in unserer Zeit. Rede in der Universität Oslo am 11.12.1971 anlässlich der Verleihung des Nobelpreises*. Stockholm 1971, S. 4.

Herwig Roggemann: Russlands Raum im Europäischen Haus?

1 Gloger, Katja: *Fremde Freunde. Deutsche und Russen. Die Geschichte einer schicksalhaften Beziehung*. Berlin 2017, S.348.

2 Am 31.01.1990 erklärte Außenminister Genscher in einer Grundsatzrede in Tutzingen: Eine Ausdehnung des NATO-Territoriums nach Osten, das heißt näher an die Grenzen der Sowjetunion heran, werde es nicht geben. Am 09.02.1990 prägte

US-Außenminister Baker in Moskau im Gespräch mit Präsident Gorbatschow die bekannte Formulierung, die NATO werde im Falle einer Mitgliedschaft des vereinten Deutschland »ihren Hoheitsbereich (Jurisdiction) nicht einen Inch weiter nach Osten ausdehnen«. Am 10.02.1990 versicherte Außenminister Genscher seinem sowjetischen Kollegen Schewardnadse in Bonn, die NATO-Mitgliedschaft eines vereinten Deutschlands werfe komplizierte Fragen auf. »Für uns stehe aber fest: Die NATO werde sich nicht nach Osten ausdehnen.« Zu diesen und zahlreichen gleichlautenden Äußerungen westlicher Politiker vgl. zusammenfassend *Der Spiegel* vom 23.11.2009; vom 24.11.2014, ferner die Fernsehdokumentation des NDR in »Panorama«, Nr. 792 vom 29.01.2015.

3 Weder das politische System noch die Wirtschafts- und Eigentumsverfassung waren primäres Ziel der angestrebten Veränderungen. Zu einer durchgreifenden Privatisierung ist es bis heute in der Ukraine nicht gekommen, und die viel kritisierte »Herrschaft der Oligarchen« und ihr Zugriff auf staatliche Institutionen und politische Willensbildung ist nicht gebrochen worden, sondern hat sich verstärkt. Die öffentliche Meinung in der Ukraine war und ist nicht erst 2014 zum »Euromaidan« gespalten, sondern schon bei den Protesten, die sich 2004 zur »Orangenen Revolution« ausweiteten und zur Ablösung von Präsident Kutschma und der Wahl von Juschtschenko führten. In der Ostukraine sahen 50,5 Prozent der Bevölkerung darin einen mit Unterstützung aus dem Westen durchgeführten Umsturz (»pereworot«), in der Westukraine 60,4 Prozent dagegen einen Kampf der Bürger um ihre Rechte, vgl. Heiko Pleines in: Forschungsstelle Osteuropa der Universität Bremen: *Arbeitspapiere und Materialien* Nr. 75/2006, Die Ukraine unter Präsident Juschtschenko. Auf der Suche nach politischer Stabilität, S. 10.

4 Vgl. das bekannte Telefongespräch der Stellvertretenden US-Außenministerin Victoria Nuland unter Präsident Barack Obama mit US-Botschafter Geoffrey Pyatt in Kiew. In diesem Gespräch wies Nuland ihren Botschafter auf die umfangreichen finanziellen Zuwendungen in Höhe von rund 5 Milliarden US-Dollar seitens der USA an die Ukraine hin (die nach anderen Angaben unter anderem der Förderung zivilgesellschaftlicher und auch oppositioneller Aktivitäten und NGOs dienten) und erklärte, warum daher russische Einflussnahme zu verhindern und Arsenij Jazenjuk, einer der oppositionellen Maidan-Anführer, als Wunschkandidat der USA zum Ministerpräsidenten zu machen sei. Dieser wurde ein halbes Jahr später tatsächlich von der Rada gewählt und trat 2016 wieder zurück. Die Echtheit dieses Gesprächs wurde von den USA bestätigt, und Nuland entschuldigte sich für darin gemachte beleidigende Äußerungen (»Fuck the EU«).

5 The vast majority oft he Crimean population would vote for the status quo in a future repeat referendum on Crimea´s status and expressed trust in Russian state institutions«, vgl. Gwendoly Sasse, *ZOIS Report* 3/2017.

6 Karsten Rudolph, *Wirtschaftsdiplomatie im Kalten Krieg. Die Ostpolitik der westdeutschen Großindustrie 1945–1991.* Frankfurt/ 2004, S. 161.

7 *Der Spiegel* 8/2015, S. 29. Panetta war bis 2013 Verteidigungsminister und CIA-Chef unter US-Präsident Barack Obama.

8 C-72/15 = NVwZ 2018, 50, dazu Jan Martin Hoffmann, Rechtsschutz gegen individualgerichtete Embargomaßnahmen im Vorabentscheidungsverfahren, NVwZ 2018, 34 ff.

9 Dörr, Oliver: Völkerrechtliche Grenzen des Populismus? Der amerikanische Präsident und das geltende Völkerrecht. In: *Juristenzeitung* 5/2018, S. 224 ff.

10 Matthias Dembinski, Hans-Joachim Spanger,»*Pluraler Frieden*«– *Leitgedanken zu einer neuen Russlandpolitik*, HSFK-Report Nr. 2/2017; Kurzfassung in: *Osteuropa* 3-4/2017, S. 87 ff.

Florian Rötzer: US-Außenminister James Baker:»Keinen Inch weiter nach Osten«

1 https://nsarchive2.gwu.edu//dc.html?doc=4325679-Document-05-Memorandum-of-conversation-between

2 Vgl. dazu: Wedel, Janine: The Harvard Boys Do Russia. In *The Nation*, 14.05.1998. https://www.thenation.com/article/harvard-boys-do-russia/

3 Siehe dazu: Rötzer, Florian:»Keinen Inch weiter nach Osten«: Was den Russen zur Wiedervereinigung über die NATO versprochen wurde. In Telepolis, 15.12.2017. https://www.heise.de/tp/features/Keinen-Inch-weiter-nach-Osten-Was-den-Russen-zur-Wiedervereinigung-ueber-die-Nato-versprochen-wurde-3918651.html

4 Siehe dazu: Brussels Summit Declaration, 11.07.2018. https://www.nato.int/cps/en/natohq/official_texts_156624.htm

Willy Wimmer: Es ist»Tauroggen«, Dummkopf!

1 Die Konvention von Tauroggen war ein am 30. Dezember 1812 unterzeichneter Waffenstillstand zwischen Preußen und Russland, der maßgeblich zur Bildung einer Front gegen die vorrückende Grande Armée Napoleons beitrug. Eine direkte Folge der Konvention waren der russisch-preußische Bündnisvertrag von Kalisch 1813 und die Freiheitskriege, die schließlich das Ende des napoleonischen Frankreichs besiegelten.